HORST W. OPASCHOWSKI

Das Moses-Prinzip

Buch

Ratlos, rastlos, bindungslos? Immer häufiger stellen wir uns die Frage: Wie wollen wir und wie sollen wir künftig leben? Soziale Werte wie Ehrlichkeit, Verlässlichkeit und Hilfsbereitschaft sowie alte Tugenden wie Selbstdisziplin und Fleiß rücken wieder in den Fokus der Aufmerksamkeit. Trendforscher Horst Opaschowski formuliert zehn Lebensprinzipien als Leitlinien für das 21. Jahrhundert. Der wissenschaftliche Vordenker gibt mit dem »Moses-Prinzip« Anregungen und Anleitungen für ein verantwortliches Miteinander, gegen Bequemlichkeit, Phlegma und Beliebigkeit. Ein engagiertes und überzeugendes Plädoyer für alte Werte, eine Orientierung für ein modernes Lebenskonzept.

Autor

Professor Horst W. Opaschowski, Gründer und Wissenschaftlicher Leiter des BAT Freizeit-Forschungsinstituts in Hamburg, hat sich im In- und Ausland als »Mr. Zukunft«(dpa) einen Namen gemacht. Er gilt als Visionär mit Augenmaß und Bodenhaftung. Zugleich agiert er als »leidenschaftlicher Anwalt für eine neue Generationengerechtigkeit« (Die ZEIT).

Horst W. Opaschowski

Das Moses-Prinzip

Die 10 Gebote des 21. Jahrhunderts

GOLDMANN

FSC

Mix
Produktgruppe aus vorbildlich
bewirtschafteten Wäldern und
anderen kontrollierten Herkünften

Zert.-Nr. SGS-COC-1940
www.fsc.org
© 1996 Forest Stewardship Council

Verlagsgruppe Random House FSC-DEU-0100
Das FSC-zertifizierte Papier *Holmen Book Cream* für dieses Buch
liefert Holmen Paper, Hallstavik, Schweden

1. Auflage
Taschenbuchausgabe April 2008
Wilhelm Goldmann Verlag, München,
in der Verlagsgruppe Random House GmbH
Copyright © der Originalausgabe 2006
by Gütersloher Verlagshaus, Gütersloh,
in der Verlagsgruppe Random House GmbH, München
Umschlaggestaltung: Design Team München
KF · Herstellung: Str.
Druck und Bindung: GGP Media GmbH, Pößneck
Printed in Germany
ISBN: 978-3-442-15494-4

www.goldmann-verlag.de

Für die Nachgeborenen

»Das Wohl des Menschen
ist das einzige Kriterium für ethische Werte.«

ERICH FROMM

Inhalt

Jenseits von Konto und Karriere

oder

10 Gebote

für das 21. Jahrhundert

Angst vor dem Wandel: Der Mensch im Rückwärtsgang

Der amerikanische Kultschriftsteller Douglas Coupland stellt in seinem Roman »Girlfriend in a Coma« eine jugendliche Freundesclique vor die Wahl, zurück in die Vergangenheit zu gehen oder die Weichen in die Zukunft neu zu stellen. Im Mittelpunkt steht die sechzehnjährige Karen, die achtzehn Jahre lang in ein Koma fällt, während ihre Freunde so weiterleben wie bisher, beruflich Karriere machen, aber gleichzeitig auch unter einer gewissen Sinnleere leiden, die sie notdürftig mit Aktionismus stopfen. Als Karen achtzehn Jahre später aus ihrem Koma erwacht, findet sie eine Welt der rastlosen Beschleunigung, der Hektik ohne Ziel und Sinn vor.

Der Blick in die Gegenwart erscheint ihr wie eine Zeitreise in die Zukunft. Was hat sich inzwischen verändert? Mit Tempo und mit Spaß hat sich das gesellschaftliche Leben weiterentwickelt, aber die Menschen – *die Menschen sind in ihrer Entwicklung stehen geblieben* oder noch treffender: Sie *haben den Rückwärtsgang eingelegt*. Das Leben gleicht jetzt keiner Welt der Träume mehr. Es ist eher eine Arena der Betriebsamkeit, in der sich alles immer schneller dreht. Es bleibt auch keine Zeit mehr, über die Zukunft nachzudenken oder sich ein sinnvolles Leben zu wünschen. Jeder inszeniert nur noch sein Leben für ein imaginäres Publikum.

In dieser Inszenierung haben vor allem Oberflächlichkeit und leichte Konversation ihren Platz. Der Eindruck entsteht, als würden sich alle verstellen, ja wären nicht mehr sie selbst. Und kaum jemand nehme ihnen mehr die Identität ab, die sie sich doch selbst konstruiert hätten. Das permanente Spaßhaben-Wollen sollte lediglich die innere Leere verdecken und verschleiern helfen. Das Leben kam der Freundesclique gleichzeitig so lang und so kurz vor, als hätten die jungen Leute bereits ihren Lebensherbst erreicht und wären schon vor ihrer Zeit *alt geworden, weil sie nichts mehr ändern wollten.*

Der Roman vermittelt den Eindruck, als seien die Menschen gar nicht mehr in der Lage, sich wirklich zu ändern. Sie drohten stehen zu bleiben oder sozial zu verkümmern: Die Kinder werden in Schulen und zu Videospielen abgeschoben. Es scheint auch niemand mehr ertragen zu können, einfach allein zu sein – aber gleichzeitig wirken alle isoliert. Die Leute arbeiten viel mehr als früher, nur um danach nach Hause zu gehen, im Internet zu surfen und lieber E-Mails zu verschicken, als einander anzurufen, zu besuchen oder Briefe zu schreiben. Sie arbeiten, sehen fern und schlafen. So sieht es aus: »Die ganze Welt dreht sich nur um Arbeit: arbeiten, arbeiten, arbeiten, abzocken, abzocken, abzocken ..., Karriere machen ..., gefeuert werden ..., online gehen ..., Computersprachen können ..., Aufträge ergattern ... Die Menschen sind ausgelaugt und wütend, geldgierig und der Zukunft gegenüber bestenfalls gleichgültig« *(1).*

In dieser Sichtweise wirken die Menschen sozial isoliert und ohne einen Kern, der *ihrem Leben einen Sinn geben* könnte. Wer kann sich denn wirklich noch entspannen, wenn alle anderen herumlaufen wie aufgedrehte Zeichentrickfiguren? Manchen gelingt es ja nicht einmal, zwei Minuten lang ihr *Ego auf Pause zu schalten.* Effizienz ist das Zauberwort: Doch was hat es für einen Sinn, effizient zu sein, wenn man nur ein effizient ödes Leben führt? Der Eindruck entsteht: Es gibt keine gültigen Werte mehr, weil sich jeder seine Wertvorstellungen so zurechtbiegt, wie es gerade den eigenen Bedürfnissen entspricht. Die Welt ist kein Ort ethischer Grundsätze mehr.

Was also ist zu tun? Coupland lässt am Ende seine Romanfiguren fragen: *Wie können wir uns ändern, ja wie müssen wir uns ändern?* Statt wie im Koma untätig zu verharren, müssten wir – bevor die Welt sich ändert – erst einmal uns selbst verändern: »*Schürft. Spürt. Grabt. Glaubt. Fragt!*« Hört nicht auf, Fragen zu stellen, zu suchen und zu forschen. Die Erde ist nicht der Himmel, aber die Erde könnte unsere Arche sein. Um den nachfolgenden Generationen keinen Trümmerhaufen zu hinterlassen, endet der Roman sinngemäß mit der Aufforderung: Schafft eine humane, eine soziale Zivilisation: *Lasst uns eine neue Arche Noah bauen!*

Es ist schon bemerkenswert: Ein Kultschriftsteller der Moderne bemüht die biblische Noah-Parabel als *Aufforderung zum Neubeginn.* Heute eine neue Arche Noah bauen wollen, heißt doch, sich gegen den Mainstream von Stress und Langeweile zu stellen, nicht mehr im breiten Strom von Ego- und Erfolgsmanien zu schwimmen und an eine »neue Zeit« *(2)* zu glauben. Die entscheidende Frage ist, was der Einzelne selbst tun kann, um sich in der *Sinnflut statt Sintflut* bzw. im Wirrwarr der Meinungen und Zeitgeiststr006;mungen orientierend zurechtzufinden, ohne sich selbst aufzugeben oder zu verlieren.

Leben im bequemen Kokon der Freiheit – das war doch bisher eine schöne Idee, die die Menschen in der westlichen Welt aber nicht zufriedener machte, weil sie nicht gleichzeitig ihr Denken, ihr Verhalten und ihr Leben änderten oder weiterentwickelten. Die siebziger bis neunziger Jahre des 20. Jahrhunderts boten eine Vielzahl von Optionen, die manche Menschen vergessen und verlernen ließ, weiterhin zu schürfen, zu spüren, zu graben, zu glauben und nach der Zukunft zu fragen – nach einer Vision davon, wie es sein oder werden könnte.

Über die Zukunft nachdenken bedeutet doch, dass man sich *nach etwas sehnt*. Das Gegenteil aber ist eher der Fall: Weil fast alles käuflich und konsumierbar erscheint und Ideale weitgehend entbehrlich sind, werden manche *Wertvorstellungen so lange zurechtgebogen, bis sie passen*. Oder in ein Bild gebracht: Ein der deutschen Sprache kaum mächtiger Sizilianer will in Deutschland beichten gehen. Aber der gewissenhafte Pfarrer fragt ihn zuerst, ob er die 10 Gebote kenne. Worauf der Sizilianer antwortet: »Ich sie lernen wollen, Hochwürden, aber haben gehört munkeln, dass man sie will aufheben.« Ist das nicht die Situation heute? Es wird gemunkelt, dass Gebote nicht für alle gelten und man ganz gut auch ohne Gebote und Verpflichtungen leben könne.

Altbundeskanzler Helmut Schmidt soll einmal auf die Frage, was er der Jugend heute empfehlen würde, geantwortet haben: »Die Zehn Gebote.« Jugendliche leben gern nach dem Satz: »Ich tue, was mir gefällt.« Sie betrachten mitunter die *Welt als Speisekarte* und stellen sich ihr individuelles Menü zusammen: Sie wählen, kaufen, trennen sich oder werfen weg, sind also *unberechenbar* in ihren Erlebniswünschen und *instabil* in ihrer Beziehung zur sozialen Umwelt. Als multioptionale Konsumenten wünschen sie sich grenzenlose Möglichkeitssteigerungen, was sie zum Auswählen geradezu verurteilt, ob sie es wollen oder nicht, ob sie es können oder nicht. *(3)* Wer diese *Selektionsfähigkeit jedoch nicht besitzt oder erlernt*, droht selbst zum Opfer der herbeigesehnten Angebotsexplosion zu werden, weil Maßstäbe, Richtungen und Orientierungen fehlen.

Es gilt, das so genannte *menschliche Dilemma zu überwinden.* Mit diesem Begriff umschrieb der Club of Rome schon in den siebziger Jahren die *wachsende Diskrepanz* zwischen der zunehmenden Komplexität unserer Lebensbedingungen und der nur schleppenden Entwicklung unserer eigenen Fähigkeiten *(4)*. Viele Menschen reagieren bisher *äußerst irritiert und viel zu langsam* auf die Wellen der gesellschaftlichen Veränderung. Ihre persönliche Lernfähigkeit kann mit dem schnellen gesellschaftlichen und technologischen Wandel kaum Schritt halten.

Der Zwiespalt zwischen menschlichem Verhalten und realer gesellschaftlicher Entwicklung wird eher größer als kleiner. Es kommt also alles darauf an, die in uns allen vorhandene *Lernfähigkeit* zu wecken und weiterzuentwickeln. Dazu müssen wir einen *neuen Kurs einschlagen*, um die eigene wie auch die gesellschaftliche Entwicklung steuern zu können. Lebenslanges Lernen muss dann weit über das konventionelle Vokabular von Erziehung und Bildung hinausgehen. Es geht dabei um das *Sich-Annähern an neue Werte* – eine Art innovatives Lernen, das auf veränderte Lebenssituationen vorbereitet. Nur so wird das lebenslange Lernen zur Lebenshilfe. Lebenslanges Lernen also ist kein Luxus, sondern Lebensnotwendigkeit, und es sorgt für mehr Lebensqualität. Lebenslanges Lernen ist idealiter *Lebensbegleitung, Lebensaufgabe und Lebenselixier zugleich.*

Im 21. Jahrhundert haben wir es nachweislich mit *veränderten Bildungsbiografien* zu tun: Personale Qualifikationen (z. B. Selbstorganisationsfähigkeit, Kreativität, Verantwortungsbereitschaft) bekommen den gleichen Wert wie berufliche Qualifikationen *(5)*.

Mit anderen Worten: Das Verhältnis von Lebenszeit und Lernzeit ist neu zu bestimmen. Das in der Schule vermittelte Grundwissen (einschließlich der Kulturtechniken) bedarf einer Erweiterung. Denn bildhaft gilt das, was Wirtschaftsexperten künftigen Technikern empfehlen: »In eurer Karriere ist Wissen wie Milch. Das Ablaufdatum ist schon aufgedruckt. Ein Technikstudium ist heute durchschnittlich drei Jahre lang haltbar. Wenn ihr innerhalb dieser Zeit nicht euer gesamtes Wissen auf den neuesten Stand gebracht habt, wird eure Karriere bald sauer« *(6)*. Bildungsziele müssen mehr als bisher auf Lebensziele bezogen sein.

Antworten auf die Frage »Was tun – mit den neuen Freiheiten des 21. Jahrhunderts?« müssen gefunden werden. Als Zukunftsvision zeichnen sich die Konturen einer Gesellschaft mit vielen Gesichtern ab – z.B. einer *Leistungsgesellschaft* im Bereich von Arbeit und Beruf, einer *Konsumgesellschaft* im Bereich von Medien und Erlebniskonsum und einer *Wissensgesellschaft* im Bereich von Kultur und Bildung.

Supermarkt der Moral: Gesellschaft ohne Orientierung

Das Wandeln durch den Supermarkt der Moral zwang bisher vor allem die junge Generation zum Bauen und Basteln einer *Do-It-Yourself-Ethik*, die in traditioneller Sichtweise wie *Moral-Zapping* erscheinen musste. Der jungen Generation, die mit der Wertevielfalt aufwachsen, souverän durch die Werteflut waten und sich ihren Wertecocktail selber mixen musste, bereitete die Unübersichtlichkeit offensichtlich wenig Kopfzerbrechen: Ihr Freundeskreis war für sie da, und doch fühlte sie sich diesen Freunden gegenüber nicht verpflichtet. Mitunter war sie unzuverlässig und ließ Verabredungen und Termine einfach platzen. Wären Pünktlichkeit und Disziplin noch allgemeingültige Werte gewesen, würde sie schon längst allein dastehen. Doch ihre Freunde mögen offensichtlich ihre chaotische Art *(7)*.

Aus der Sicht der Erwachsenengeneration hingegen muss ein solches Leben geradezu chaotisch erscheinen. Doch für Jugendliche ist ein solches Verhalten weder beliebig noch ziellos – wohl aber *bindungslos*. Eher sind sie hin- und hergerissen zwischen Flucht aus der Verbindlichkeit *und* Sehnsucht nach Bindung sowie Abschied von sozialen Verpflichtungen *und* Suche nach eigenen Lebenskonzepten. Mit diesen Spannungen und Widersprüchen können sie offensichtlich ganz gut leben, solange jedenfalls, wie sie nicht aus dem inneren Gleichgewicht geraten. Denn wer sich immer nur pragmatisch auf Zeit bindet und wie im Geschäftsleben auf *temporäre Allianzen* schwört, kann schnell aus dem Tritt geraten, wenn Partner ihre Verabredungen nicht mehr einhalten oder ohne Angabe von Gründen ihre Kontakte abbrechen. Dann gerät die Balance des Lebens ins Wanken. Aus Bindungslosigkeit wird Orientierungslosigkeit, und die *Sehnsucht nach intakten sozialen Beziehungen* (»wie in der Familie«) sowie nach Halt und Geborgenheit wird stärker.

In der Zukunft angekommen lautete beispielsweise die Hauptthese der Shell-Studie »Jugend 2000« *(8)*. Doch wie sieht »diese Zukunft« aus?

- Auf vieles ist *kein Verlass mehr*. Grundpflichten, die früher für das soziale Zusammenleben unabdingbar waren, sind nicht mehr verbindlich und können jederzeit flexibel gehandhabt werden.
- Es gibt keinen Werteverfall, wohl aber einen Verfall von Werten mit überindividueller Gültigkeit: Der allgemein verbindliche *alte Wertehimmel ist passé*.
- Die neue Unübersichtlichkeit hat die junge Generation erreicht. Infolgedessen gibt es für sie auch keine Entweder-oder-

Erziehungskonzepte mehr, weil sie in einer *Sowohl-als-auch-Gesellschaft* lebt.

- Das Festgelegtsein auf einen *Wertekodex wird als einengend empfunden*. Die Jugendlichen befreien sich von dieser Fixierung – auf Kosten von Stabilität.
- Soziale Normen und gesellschaftlich Wünschbares gelten als antiquiert. Es gibt *keine Gebrauchsanweisung für den zwischenmenschlichen Umgang*.
- Jugendliche schaffen sich bedarfsgerecht (wie im Geschäftsleben) ihr eigenes Orientierungssystem und basteln sich eigenverantwortlich ihren *persönlichen Wertekosmos*.
- Eine *Generation von Bastelexistenzen* mixt sich ihren persönlichen Wertecocktail selber, der *keine Normen* mehr anerkennen will.

Genügt das als Lebensphilosophie für das 21. Jahrhundert?

Eine Jugend, die unbestritten leistungsbereit und politikinteressiert ist, kann genauso gut egozentrisch und nur auf den eigenen Vorteil bedacht sein, wenn es ihr an der sozialen Dimension des eigenen Handelns mangelt. Nicht die Einstellungen und Lebensweisen von Jugendlichen sind zu kritisieren, sondern eine Gesellschaft, die sie so aufwachsen lässt: rastlos, ratlos und am Ende bindungslos. Mängel in der Sozial- und Werteorientierung sorgen für *Flickwerk-Biographien bzw. Patchwork-Identitäten*.

Erziehung und Bildung in Elternhaus und Schule dürfen sich also nicht länger aus ihrer Verantwortung stehlen und müssen sich mehr Gedanken über Maßstäbe und *Alternativen zur sozialen Beliebigkeit des modernen Lebens* machen. Wie sollen Jugendliche lernen, ein Leben nach Maß und im Gleichgewicht zu leben, wenn sie keine Maßstäbe und Grenzen kennen und sich ihren Lebenssinn selber suchen müssen?

Zum ersten Mal, so scheint es, ist in den letzten Jahrzehnten eine *Generation ohne Religion* in einem *Leben ohne Gott* aufgewachsen. Einer solchen Generation wird auf den ersten Blick ein geradezu goldenes Leben in einer Welt der Einkaufszentren, Werbespots und TV-Kanäle geboten. Diese erste Generation ohne Gott wird allerdings nicht mehr lange ohne Religion auskommen können. Sie wird erkennen müssen, dass Fjodor Dostojewskijs Aussage im »Schuld und Sühne«-Roman von 1866 – »Wenn es Gott nicht gibt, dann ist alles erlaubt« – an psychologische und gesellschaftliche Grenzen stößt. Verantwortliches soziales Handeln kommt auf Dauer *ohne religiöse Fundierung* nicht aus. Die Jeder-mixt-sich-seine-Werte-cocktail-selbst-Philosophie erweist sich als *nicht zukunftsfähig*.

»Wir sind besser als Gott« meint der amerikanische Wissenschaftler Ron McKay, der beispielsweise Zellen verändern will *(9)*. Wird die Spaltung des Zellkerns – nach der Spaltung des Atomkerns – eines Tages zum zweiten großen Sündenfall der Menschheit? Heißt es schon bald: Unser Schicksal liegt in den Genen – und nicht mehr in den Sternen? Der Mensch will selbst Schicksal spielen, vielleicht sogar das menschliche Schicksal abschaffen. Welche Hybris! Denn die Seele kann man nicht klonen.

Der spanische Philosoph José Ortega y Gasset vergleicht in seiner 1930 veröffentlichten berühmten Schrift »La rébelión de las masas« eine Gesellschaft, in der keine Bindungen gelten, auf die man sich verlassen könne, mit dem Zustand der Barbarei *(10)*. Barbarei ist für ihn die Abwesenheit von Normen und Berufungsinstanzen, die man anerkennt und auf die sich auch jeder berufen kann. Fehlen solche Normen und Instanzen, ist die Kultur einer Gesellschaft infrage gestellt. *Jede Kultur braucht ihre Spielregeln, ihre Normen, Rücksichtnahmen und Höflichkeiten.* Das macht doch erst die Qualität einer Zivilisation aus: einer civitas, die Gemeinschaft und soziales Zusammenleben ermöglicht. Wie schon lange nicht mehr ist die

Ressource Sinn gefragt. Denn wenn alles gleich-wertig erscheint, ist auch alles gleich-gültig. Orientierungs- und Beratungshilfen sowie Lebensgestaltungsangebote werden immer dringender, was die Inflation von Therapiehandbüchern und Bildungsführern, Datenbanken und Suchmaschinen erklärt.

Bewegungslos im Koma: Warten auf den »Ruck«

Den folgenden Ausführungen liegt kein theologisches Anliegen zugrunde. Es geht nicht darum, die Mosaischen Freiheitssätze vom Sinai auf ihre Zeitlosigkeit zu überprüfen oder neu zu interpretieren. Dafür sind Religionswissenschaftler kompetenter, die aus den 10 Geboten praktikable Anweisungen und Lebensregeln, Katechismus- und Bibelsätze von zeitloser Gültigkeit machen können.

Im Zeitalter der Globalisierung, in der alles Mögliche an Versatzstücken und Glaubensfragmenten aus den verschiedensten Religionen auf die Menschen einstürmt, werden dagegen überzeugende Glaubensantworten auf die Frage erforderlich, *wo wir eigentlich zu Hause sind (11)*, immer dringlicher. Und Gebote wie »Du sollst nicht …« müssen dann eben gefälliger als individuelle Empfehlung im Sinn von *Tu nicht alles, was du kannst!* umformuliert oder positiv auf die Frage zugespitzt werden: *Was sollen wir tun? (12)*. Es geht letztlich um Antworten auf die Sinnfrage, wie angesichts einer ständig steigenden Lebenserwartung ein so langes Leben gelingen kann. Die Lebensreise kann doch keine Fahrt mit einem Zug ohne Bremsen sein.

Hilf dir selbst, dann hilft dir Gott? Heute und in Zukunft heißt es eher: Hilf dir selbst, bevor der Staat dir hilft. Oder: Hilf anderen, damit auch dir geholfen wird. Wer für sich selbst und andere sorgt, übernimmt Verantwortung und sorgt für die Zukunft vor.

In diese Richtung zielen die folgenden 10 Gebote für das 21. Jahrhundert. Sie sind keine Gesetze, haben keine Rechtskraft und wollen auch keine abschreckenden Verbote sein. Es sind eher Anregungen und Anleitungen zu einem gelingenden Leben, wozu auch Spielregeln des Umgangs miteinander gehören. Es geht um Lebensziele und Lebensstile und auch um die Frage, »was« eigentlich unsere Werte sind und »wie« wir in Zukunft leben wollen.

Schon Aristoteles stellte in seiner »Eudemischen Ethik« die Forderung auf: Man muss im Blick auf ein herrschendes Prinzip leben und sein Verhalten danach ausrichten.

Es gilt, den *Stillstand in der Gesellschaft* und auch das eigene Phlegma zu überwinden und nicht bewegungs- und richtungslos im Koma zu verharren oder gar die Uhr zurückzudrehen – wie z. B. im Kinofilm »Good Bye, Lenin!«, in dem die Mutter des 21-jährigen Alex vor dem Fall der Mauer ins *Koma* fällt und im wahrsten Sinn des Wortes die weitere gesellschaftliche Entwicklung (= deutsche Vereinigung) *verschläft*: Monate später wacht sie in einem neuen Land auf und wird von den gesellschaftspolitischen Ereignissen geradezu *überrollt*. In diesem Fall wächst eben nicht zusammen, was zusammengehört. Ganz im Gegenteil: Um ihr nach überstandenem Herzinfarkt jede weitere Aufregung zu ersparen, wird ihre alte Welt künstlich am Leben erhalten, damit die Mutter am Leben bleibt.

In die heutige Zeit übertragen: Der Eindruck entsteht, als würden Menschen mitunter den Anschluss verpassen, also freiwillig im Koma bzw. in Bewusstlosigkeit verharren und die Zeit und die Zukunft so lange verschlafen, bis irgendwann einmal der Anstoß von außen oder »von oben« als Signal des Aufbruchs erfolgt. Aus eigener Kraft dazu nicht in der Lage oder an sich selbst zweifelnd, wird darauf gewartet, dass geradezu ein »Ruck« durch das Land geht oder jemand *mit gutem Beispiel wegweisend vorangeht.* Denn Menschen ohne Vision, darauf weist schon das Alte Testament hin, werden »wüst und wild«.

Das Moses-Prinzip: Eine Vision vom guten Leben haben – und losgehen, um anzukommen

Im 5. Jahrhundert v. Chr. fand der chinesische Weise Laotse in seinem Buch »Tao-te-king« heraus, dass Menschen erst dann nach Geboten rufen, wenn sie vorher das *Tao (= den Weg und den Sinn im Leben) verloren* haben und nicht mehr zwischen gut und schlecht unterscheiden können *(13)*. Mehr als je zuvor suchen die Menschen heute nach Orientierung und mehr Verbindlichkeit im Umgang miteinander. Sie wollen wieder mehr nach innen hören und nach eigenen Prinzipien leben.

Erstmals in den siebziger Jahren kritisierte der deutsch-amerikanische Gelehrte und Philosoph Hans Jonas das Vakuum eines Wertrelativismus und stellte die Frage: Was kann in Zukunft als *Kompass* dienen? Das könnten nur, so meinte er, *ethische Prinzipien* sein. Und so begründete er seine Ethik unter dem Titel: *Prinzip Verantwortung.* Während fast alle traditionellen Prinzipien und Gebote auf das Hier und Jetzt bezogen sind (»Liebe deinen Nächsten …«, »Tue …« »Strebe …«. »Ordne …«), sieht Jonas sein Prinzip Verantwortung vor einem *Zukunftshorizont.* Es kann nicht sein, dass das Glück heutiger Generationen mit dem Unglück kommender Generationen erkauft wird.

Konkret: Wir müssen unter Umständen heute Opfer bringen, damit es morgen *weitergeht. Aus einer Präsensethik muss eine Zukunftsethik werden,* die Generationen überdauert. Symbolfigur ist dabei Moses, der eine *Solidarität des Schicksals* mit seinen Stammesgenossen forderte *(14)*. Moses macht deutlich: Es gibt eine Pflicht gegenüber den Nachkommen, eine Pflicht zur weit schauenden Vorsorge und eine Pflicht zur Zukunft, weil die Ungeborenen ein Recht auf Geborenwerden haben. Das ist Verantwortung für das, was zu tun ist.

> Die Exodusgeschichte, der Auszug aus Ägypten, ist beispielhaft für die heutige Zeit. Was seinerzeit die Bewegung auslöste (z. B. Unterdrückung, Unfreiheit und Herrschaft), können heute Benachteiligung, Ungleichheit und soziale Kälte sein.

Es ist kein Zufall, dass der moderne Religionsunterricht die Exoduserzählung als *Paradigma für das eigene Leben* versteht und im übertragenen Sinn fragt: Wie sieht »meine Exodusgeschichte« aus? Was ist »mein Ägypten«, das mich lähmt, am Leben hindert oder einer Lebenssinn-Perspektive entfremdet? »Woraus müsste ich herausgeführt werden?« *(15)*. Wie will, wie muss sich mein Leben ändern? Und statt »Du bist Deutschland« sich selbst couragiert die Frage stellen: *Kann ich Moses für mich oder gar für andere sein?* So ist das Moses-Prinzip zu verstehen: das Phlegma, die Trägheit und die Bequemlichkeit überwinden, den Aufbruch oder gar Ausbruch aus dem Alltag wagen und dem Leben neue Ziele geben.

In Bertolt Brechts »Der Gute Mensch von Sezuan« entschwinden die Götter am Ende auf einer rosa Wolke und rufen dem Publikum zu: Am besten, »Sie selber dächten auf der Stelle nach/auf welche Weis dem guten Menschen man/zu einem guten Ende helfen kann.« Für ein gutes Leben sind wir selbst verantwortlich. Im 21. Jahrhundert können wir doch nicht immer nur auf Moses warten oder auf den »deus ex machina«, der wie ein »Phönix aus der Asche« erscheint. Und auch der Staat und die Politik können uns keine zukunftsfähige Lebensperspektive liefern. In einer Gesellschaft des langen Lebens greift das Denken in Legislaturperioden einfach viel zu kurz.

3000 Jahre nach Moses erinnern wir uns: Vierhundertdreißig Jahre lang hatten die Israeliten als unterdrücktes Volk in Ägypten ausgeharrt. Moses befreite sie aus ihrer Schockstarre und machte ihnen mit seiner Vision *Mut zum Aufbruch* in das »gelobte Land«, in dem nach der biblischen Legende Milch und Honig fließen sollten. Das bekamen die Israeliten aber nicht geschenkt. Sie mussten schon selbst losgehen, um am Ziel ihrer Sehnsucht anzukommen. Moses wählte dabei nicht die schnellste Strecke oder den kürzesten Weg, sondern nahm auch Umwege in Kauf. Also:

> Ein klares Ziel vor Augen haben, Kurs halten und dabei auch Umwege nicht scheuen, um wirklich dort anzukommen, wohin wir eigentlich wollen. Das ist das handlungsleitende Prinzip von Moses gewesen.

Ein Prinzip, das der Schriftsteller Antoine de Saint-Exupéry einmal in die Formel brachte: *Geh nicht nur die glatte Straße*, d. h. wähle auch Aus- und Umwege, um Spuren und nicht nur Staub zu hinterlassen, selbst wenn es mühsam und unbequem ist.

Es ist nicht wichtig, ob Moses jemals gelebt hat. Denn es haben sich bisher niemals Spuren seiner Existenz nachweisen lassen *(16)*. Moses ist eher eine symbolische Figur und der Exodus ein Mythos und eine symbolische Geschichte. Deshalb ist eine Unterscheidung zwischen wahr und unwahr, real und virtuell wenig hilfreich. *Die Mosesgeschichte ist eine Sinngeschichte*: Das macht ihre Faszination bis heute aus, was auch und gerade für die Verkündung der 10 Gebote auf dem Berg Sinai gilt.

> Die folgenden 10 Gebote für das 21. Jahrhundert erheben keinen dogmatischen Anspruch. Sie haben Empfehlungscharakter im Sinn von »Gib dem Leben eine Vision«, nach der du dich sehnst und für deren Verwirklichung sich jede Anstrengung lohnt.

Nur so behält das Leben bis ins hohe Alter seinen Sinn. *Und lebe dein Leben mit Werten – als Richtschnur* für das eigene Handeln, um das zu tun, was du eigentlich tun willst oder schon immer tun wolltest. Ein solches Handlungsprinzip lenkt das weitere Leben auch gegen Widerstände. Dies kann – je nach Situation – wie das Rudern gegen den Strom sein: Sobald man aufhört, treibt man zurück.

Das Moses-Prinzip gleicht einer Art *Weg-Symbolik (17)*: Beherzt auf ein Ziel zugehen und gemeinsam mit Weggefährten Hindernisse durch Umwege überwinden. Ob Heilsweg, Scheideweg oder Lebensweg: Das Unterwegssein hat vielfältige religiöse (z. B. Joh. 14,6: »Ich bin der Weg«) oder spirituelle Bezüge (z. B. Spiritual: »Go down Moses. Let my people go«), ist aber auch ein Prinzip menschlichen Lebens. Wege gehen heißt *vorwärtsgehen.* Und das bedeutet: *Zukunft.*

Wirtschaft und Werbung haben die didaktische Bedeutung dieser Weg-Symbolik längst durchschaut: »Wir machen den Weg frei« – selbst scheinbar aussichtslose Ziele lassen sich so mühelos erreichen. Im ökonomischen Bereich wird mittlerweile nach einer Art »Moses-Methode«, die Bernhard Fischer-Appelt entwickelte *(18)*, erfolgreich gearbeitet. Was seinerzeit Moses gelang, kann auch Manager und Führungskräfte inspirieren: zum Auszug aus dem Gewohnten mit dem Mut zur Veränderung oder gar zu bahnbrechendem Wandel. Dabei geht es nicht um die Beziehung von Moses und den Israeliten zu Gott. Vielmehr wird überzeugend analysiert und nachgewiesen, wie und mit welchen Führungsinstrumenten Moses es geschafft hat, das Projekt »Auszug aus Ägypten« zu realisieren.

Moses gelingt ein *gesteuerter Wandel,* eine Art »Change Management«, indem er durch gezielte Kommunikation führt, so wie heute Führungskräfte den Dialog mit Mitarbeitern suchen und steuern müssen. Das kann durchaus einer Wüstenwanderung gleichen. Fischer-Appelt macht die Bibel zur Management-Fibel bzw. zu einem anschaulichen Management-Bilderbuch. Und was bei Moses die *Mission* war, ist heute die *Vision*, die eine Führungskraft haben muss, um Mitarbeiter zum Handeln zu motivieren bzw. zum Machen anzustiften. In der Managementliteratur gibt es auch gegen die Verwendung der 10 Gebote im übertragenen Sinn keine Berührungsängste. Da werden beispielsweise »10 Gebote für Manager« *(19)* ebenso angeboten wie »10 Gebote für ein gesundes Unternehmen« *(20)* – und das mit Gewinn: persönlich und materiell.

> Moses wäre heute sicher ein Super-Star und Mega-Thema für die Medien: TV-Spendenaufrufe während der entbehrungsreichen Wüstenwanderung, Telefon-Interviews mit unzufriedenen Weggefährten, vermeintliche Augenzeugenberichte über den brennenden Dornbusch, faszinierende Livebilder vom Meer, das sich teilt, und kontroverse Diskussionen über die Verbindlichkeit der 10 Gebote vom Berg Sinai.

Seit dem 11. September 2001 ist die Frage weitgehend unbeantwortet geblieben, was die westliche Welt dem radikal fundamentalen Islamismus an Werten entgegensetzen kann: *Wir müssen wissen, woran wir glauben.* Und das muss heute gelebt werden können, ohne gleich als »Gutmensch« beschimpft zu werden.

Ist es daher vermessen, über die zeitlosen 10 Gebote hinaus von neuen Geboten, Prinzipien und Regelwerken für das Leben im 21. Jahrhundert zu sprechen? Nicht unbedingt. Denn auch im kirchlichen Raum wird eingestanden, dass es einen Überschneidungsbereich gibt, in dem ethische Prinzipien verschiedener Kulturen, Religionen und Lebensstile zusammentreffen. Wenn beispielsweise der Theologe Wolfgang Huber zeitgemäße Prinzipien als Imperative formuliert (z.B. »Nimm das Leben und das Lebensrecht der nächsten Generation so ernst wie das eigene« oder »Beteilige dich an gesellschaftlicher Verantwortung«), so sind damit *Mindeststandards für das gemeinsame Leben* gemeint *(21)*. Solche Gebote haben perspektivischen Charakter. Es geht um Zukunftsverantwortung mit Antworten auf die Frage, wie wir künftig leben sollen.

So gesehen ist Moses vielleicht der *Archetyp aller Verantwortung*. In Abwandlung eines Wortes des französischen Dichters Victor Hugo mag er für die Uninformierten der große Unbekannte und für die Unsicheren der Unerreichbare, aber für die Selbstbewussten die Verkörperung einer Chance sein.

> Auf dem Weg in eine ungewisse Zukunft steht Moses für
> - verlässliche Visionen (»Wohin will ich eigentlich?«)
> - neue Wege (»Der Weg – auch der unbequeme – ist das Ziel«)
> - mutige Vorwärtsbewegungen (»Wann denn, wenn nicht jetzt?«).

Im übertragenen Sinn ist so auch die Drewermann'sche Aussage zu verstehen: »Gebe Gott doch einem jeden Menschen einen ›Moses‹ an die Seite!« *(22)*. Und das *Moses-Prinzip als Kurs-Buch* anwenden, heißt dann, in der Zukunftsorientierung vorangehen und andere ermutigen, gleichfalls eigene Wege des Lebens zu gehen und das Richtige zu tun.

Das Moses-Prinzip ist ein Paradigma, das wir brauchen, um unserem Leben Sinn und Beständigkeit zu geben – dem eigenen Leben, dem Leben unserer Kinder und Enkel und dem Leben der nachkommenden Generationen. Im Interesse des Lebens, das ist die Botschaft des Moses-Prinzips, sollten wir einem auf sozial verantwortlicher Grundlage *eingeschlagenen Kurs* – auch unter widrigen Umständen – *treu bleiben*.

Natürlich ist das Moses-Prinzip auch ein Symbol, eine Chiffre des Lebens, die an die Wirkungskraft seines »Dekalogs« (»he dekálogos nomothesia« = aus zehn Worten bestehendes Gesetz) erinnert und in den Büchern Mose des Alten Testaments beschrieben wird (2. Mose 20 »Exodus« und 5. Mose 5 »Deuteronomium«). Nach der biblischen Überlieferung war Moses beim Auszug der Israeliten aus Ägypten ein *Wegweiser* auf der Suche nach dem »Land der Verheißung« (Hebr. 11,9). Vierzig Jahre lang wanderte das Volk durch die Wüste – und immer getrieben von dem Zweifel, ob der eingeschlagene Weg auch der richtige sei.

Gedanklich knüpft also das Moses-Prinzip hier an. Es will ein *Kompass* für das konkrete Handeln sein und *Orientierungen über künftiges Leben* liefern. Unser Problem in der westlichen Welt war und ist doch nicht der Werteverlust, sondern der Verlust verlässlicher Orientierungen und verbindlicher Maßstäbe für das eigene Handeln und für den sozialen Umgang miteinander.

> Die 10 Gebote des 21. Jahrhunderts wollen 10 Denkanstöße oder 10 Orientierungen oder 10 Wegmarkierungen oder 10 Anhaltspunkte in einer Welt weitgehend ohne Halt und Orientierung sein.

Und sie können Antworten auf bisher nicht eingelöste Sehnsuchtsziele geben, deren Verwirklichung Mut zur Zukunft macht. Abgeleitet aus nachweisbaren Wünschen und Hoffnungen haben sie den Charakter von *Lebensregeln und Leitprinzipien*, mit deren Hilfe jeder »seinen« Weg finden und gehen kann. Idealerweise können die Gebote Module für ein *inneres Werte-Radar (23)* sein, das unser Handeln regelt und leitet.

So lebt in einer Gesellschaft des langen Lebens ein Ideal der Aufklärung wieder auf – die *Vervollkommnungsfähigkeit (»perfectibilité«)*

des Menschen bis ins hohe Alter. Das Moses-Prinzip zeigt Wege auf, wie wir uns persönlich und perspektivisch weiterentwickeln und das Leben kommender Generationen lebenswert erhalten können. Nur so lässt sich verhindern, dass die Un- und Neugeborenen, die Kinder und Enkelkinder von heute und morgen, zu einer Generation der verpassten Lebenschancen werden.

Das
erste
Gebot
des 21. Jahrhunderts

Definiere deinen Lebenssinn neu:
Werde dein eigener Lebensunternehmer.

Leben ist die Lust zu schaffen

Die italienischen Psychologen Fausto Massimini und Antonella delle Fave interviewten italienische Bauern in den hoch gelegenen Bergtälern der Alpen, die von der industriellen Revolution weitgehend verschont geblieben sind. In ihren Interviews kam zum Ausdruck, dass die Bauern *ihre Arbeit nicht von ihrer Freizeit unterscheiden* konnten. Bei den Interviewern entstand ein doppelter Eindruck: Die Bauern arbeiteten sechzehn Stunden am Tag, oder sie arbeiteten überhaupt nicht. Sie melkten Kühe, mähten Wiesen, erzählten ihren Enkeln Geschichten oder spielten Akkordeon für Freunde. Und auf die Frage, was sie denn gern tun würden, wenn sie mehr Zeit für sich zur Verfügung hätten, kam die Antwort: Kühe melken, Wiesen mähen, Geschichten erzählen, Akkordeon spielen *(1)*. Für ihr ganzes Leben galt und gilt eigentlich nur der Grundsatz: »Ich tue, was ich will.« Das Leben, auch das Arbeitsleben, bot und bietet ständig und gleichermaßen Herausforderungen dafür.

Politik und Wirtschaft sollten sich rechtzeitig auf einen sich ankündigenden *Wertewandel in Richtung auf eine neue Gleichgewichtsethik* einstellen und mehr fließende Übergänge zwischen Berufs- und Privatleben schaffen. Insbesondere die junge Generation befindet sich derzeit auf dem Weg zu einer neuen Lebensbalance. Leistung und Lebensgenuss sind für sie keine Gegensätze mehr. Ganz anders, als es in den 70er bis 90er Jahren befürchtet und diagnostiziert worden war, hat sich die Einstellung der jungen Generation zu Arbeit und Leistung entwickelt: Die befürchtete Leistungsverweigerung fand und findet nicht statt. Im Zeitvergleich der letzten Jahre ist beispielsweise erkennbar, dass *Leistung und Lebensgenuss immer gleichgewichtiger beurteilt werden*. Also: kein Lebensgenuss ohne Leistung. Umgekehrt gilt aber auch: Lebensgenuss lenkt nicht mehr automatisch von Leistung ab. Und wer sein Leben nicht genießen kann, wird auf Dauer auch nicht leistungsfähig sein.

Wer im Mosaischen Sinn das »Haus der Knechtschaft« verlassen und sich von der Abhängigkeit befreien will, kann nicht in »abhängiger Beschäftigung« gefangen bleiben. Daraus folgt: Der abhängig und unselbständig Beschäftigte kann in Zukunft nicht mehr Leitbild sein.

Und auch die klischeehafte Rollenvorstellung »Der Arbeiter arbeitet – und der Chef scheffelt« ist fragwürdig geworden. Der *neue Selbstständige* ist gefragt, bei dem Persönlichkeitsentwicklung genauso wichtig wie berufliche Fort- und Weiterbildung ist. Jeder muss in seinem Leben eine unternehmerische Grundhaltung entwickeln – am Arbeitsplatz genauso wie im privaten Bereich: *Jeder sein eigener Unternehmer!* Jeder ist in Zukunft als Lebensunternehmer gefordert, d.h. der Lebenssinn muss im 21. Jahrhundert neu definiert werden: *Leben ist die Lust zu schaffen!* Schaffensfreude (und nicht nur bezahlte Arbeitsfreude) umschreibt das künftige Leistungsoptimum von Menschen, die in ihrem Leben weder überfordert noch unterfordert werden wollen. Das Paulus-Wort erweist sich als zukunftsfähig: »Schaffet, dass ihr selig werdet.«

Vom Arbeitnehmer zum Unternehmer am Arbeitsplatz

Als dem Begründer der katholischen Soziallehre, dem Jesuiten Oswald von Nell-Breuning, im hohen Alter ein Preis für seine Verdienste verliehen wurde, bekannte der Jubilar freimütig: Wenigstens im Negativen bestehe eine große Übereinstimmung zwischen Karl Marx und der Soziallehre der Kirche. Bei beiden fehle die Hauptfigur des Unternehmens: der *Unternehmer*. Und das sei schon bemerkenswert. Denn wirklich motivierend sei doch nur die Inspiration, die vom Unternehmer ausgehe *(2)*. Der Unternehmer gilt als eine Person, die *Eigentümer oder Leiter eines Unternehmens* ist, wobei mit wachsender Bedeutung von Kapitalgesellschaften immer mehr Leitungsfunktionen an leitende Angestellte, Topmanager und Führungskräfte übergehen. Die Grenzen zwischen Fach- und Führungskräften, Arbeit- und Unternehmern sind fließender geworden.

In der gesellschaftspolitischen Diskussion wird daher immer öfter von der Notwendigkeit einer Erziehung zur Selbstständigkeit gesprochen. Gemeint ist einmal *(3)* die *Unabhängigkeit* von Menschen, die bis ins hohe Alter in ihren Wohnungen, Häusern und im bisherigen Netz sozialer Beziehungen verbleiben und dadurch ein hohes Maß an individueller Freiheit behalten. Genauso wichtig aber ist die *Selbstbestimmung* von Menschen, die ihre eigenen Lebensangelegenheiten selbst regeln, vor allem bei Veränderungen, die sie persönlich betreffen.

Dahinter steht die Idee einer gesellschaftlichen Innovation. Pointiert: Der Ausbruch aus dem Untertanenstatus, dem Arbeitnehmertum und der Patientenrolle und der Übergang in den Status eines neuen Selbstständigen mit gelebten gesellschaftlichen Werten vom selbstbestimmten Handeln bis zum sozialen Handeln für andere.

Das *Leitbild Lebensunternehmer* bekommt eine immer größere Bedeutung. In Kindheit, Jugend, Familiengründung und Ruhestand wird das »Unternehmen Selbstständigkeit« zur lebenslangen Herausforderung. Und im Berufsleben träumen insbesondere junge Existenzgründer davon, endlich ihr »eigener Herr« und nicht mehr »jedermanns Sklave« zu sein. Die berufliche Wirklichkeit gleicht einer Gratwanderung: mal Bootsführer im eigenen Boot und mal Mädchen für alles, mal Jäger und mal Jagdbeute, mal Boss und mal Marionette …

Der Strukturwandel in der Arbeitswelt beschleunigt den Paradigmenwechsel vom Arbeiter über den Angestellten zum neuen Selbstständigen. Eine Arbeit, die noch unter dem Diktat von Fremdbestimmung steht, wird heute selbst von Gewerkschaftsseite als »vormodern« kritisiert, weil weitgehende Selbstbestimmung am Arbeitsplatz erforderlich geworden ist *(4)*. Überkommene Hierarchien stehen auf dem Prüfstand.

Die Begründung für die Notwendigkeit eines neuen Leitbilds *Unternehmer am Arbeitsplatz* liegt auf der Hand: Immer mehr wissensbasierte Unternehmen sind auf kreative, innovationsfreudige Mitarbeiter angewiesen – auf »Intrapreneurs«, welche die Unternehmensziele (zumindest partiell) auch zu ihren eigenen Zielen machen *(5)*. Diese »Intrapreneurs« arbeiten sozusagen unternehmerisch, sind *Unternehmer innerhalb eines Unternehmens*, weil sie weitgehend selbstständig agieren können und sollen.

Aus dem traditionellen Arbeitnehmer wird so ein *Bürger im Betrieb* mit Bürgerrechten und Bürgerverantwortlichkeiten. Was im militärischen Bereich einmal für Soldaten als »Staatsbürger in Uniform« definiert wurde, das ist jetzt der Bürgerstatus des neuen Selbstständigen. Dieser Status schließt erhöhte individuelle Entfaltungsbedürfnisse ein und persönliche Abhängigkeitsverhältnisse weitgehend aus *(6)*. Der Bürger im Betrieb wird zum Unternehmer am Arbeitsplatz mit mehr Entscheidungskompetenz.

Das Leitbild *Bürger im Betrieb* kann langfristig auch das Unternehmensimage verändern: Das Unternehmen müsste sich dann wieder stärker als Gemeinwesen verstehen und zu einem *Bürgerunternehmen* entwickeln. Aus der Arbeitnehmerschaft würden – idealiter – eine Bürgerschaft und der neue Selbstständige zum *Unternehmensbürger mit Bürgerrechten* (und Aktienbesitz natürlich): Bürgerschaft bedeutet Autonomie, also die Freiheit, sein eigenes Leben zu führen *(7)*. Die Folgen sind gelebtes Vertrauen und Loyalität auf beiden Seiten – beim Unternehmensbürger genauso wie beim Bürgerunternehmen.

Ein Unternehmer am Arbeitsplatz zeichnet sich dadurch aus, dass er neben sozialen Qualifikationen wie Kommunikations- und Teamfähigkeit Verantwortung tragen und Entscheidungen treffen kann. Er soll zugleich Innovationsmanager und Promoter des Wandels sein, Problemlöser und Katalysator in einem Suchprozess. Auch im Angestelltenstatus soll er *unternehmerisches Handeln* praktizieren. Aus dem Prototypen des traditionellen Arbeitnehmers wird also zunehmend der Unternehmer am Arbeitsplatz mit hohem Engagement. Ein solcher Wandel vom Arbeitnehmer zum Unternehmer ist folgenreich. Der Unternehmer am Arbeitsplatz agiert wie ein Selbstständiger, der sich nicht in jedem Fall selbstständig machen muss, um selbstständig zu sein. Doch sein persönlicher und unternehmerischer Freiraum am Arbeitsplatz wird immer größer: Er schafft sich sein Tätigkeitsfeld weitgehend selbst und gestaltet es nach eigenen Vorstellungen.

Für die nahe Zukunft stellt sich durchaus die Frage, ob nicht der Arbeitnehmer-Begriff im Arbeitsrecht neu definiert werden muss. Ein Arbeitnehmer gilt ja immer noch als Erwerbstätiger, der aufgrund eines privatrechtlichen Arbeitsvertrags gegenüber einem Arbeitgeber *zu fremdbestimmter Arbeitsleistung gegen Entgelt verpflichtet* ist. Ein vorindustrielles Verständnis wiederum lässt in der nachindustriellen Gesellschaft Aspekte wie Freiheit, Autonomie, Verantwortung und unternehmerische Funktion weitgehend außer Acht.

Auch die betriebliche Unterscheidung zwischen Führungskräften (= Vorgesetzten) und Geführten (= Untergebenen) ist infrage gestellt und damit die gesamte hierarchische Struktur in einem Unternehmen. Begriffe wie »Entscheidungsbefugnisse« oder »verbindliche Weisungen« sind neu auszulegen. So gesehen kann es nicht mehr nur zwei Fronten (Kapitaleigner/Unternehmer – Mitarbeiter/Arbeitnehmer) geben. Hierarchieorientierte Führungsmodelle werden sich im 21. Jahrhundert schnell überleben. Der neue selbstständige Unternehmer am Arbeitsplatz will doch beides: *Selbstbehauptung* (»auf eigenen Beinen stehen«) und *Selbstverwirklichung* (»Arbeit, die einem etwas bedeutet«). Anpassung wird durch Anspruch ersetzt.

Als Konsequenz daraus ergibt sich auch die Notwendigkeit einer *werteorientierten Personalpolitik*, welche die gewandelten Ansprüche der Mitarbeiter einbezieht. Dazu gehört z. B. die Respektierung eines Lebensstils, in dem *Berufs- und Privatleben gleichgewichtig nebeneinander* stehen. Die Bereitschaft, die eigene Lebensplanung und das Familienleben grundsätzlich den betrieblichen Interessen unterzuordnen, kann in Zukunft nicht mehr einfach vorausgesetzt werden. Der wachsende Wunsch nach einem Gleichgewicht zwischen beruflicher und privater Erfüllung bedeutet aber keineswegs, dass insbesondere junge Mitarbeiter weniger leisten wollen. Sie deuten vielmehr auf einen *Anspruchswandel* und nicht auf einen Wertewandel hin. Ist die Arbeitswelt auf diesen Wandel vorbereitet? Und wie lässt sich unternehmerisches Handeln im Leben lernen?

Idealprofil des Lebensunternehmers

Schon Seneca vermerkte in seinen Briefen an Lucilius: »Lehren sind ein langweiliger Weg, Vorbilder ein kurzer, der schnell zum Ziele führt.« Noch wirksamer sind *gelebte Leitbilder* wie z.B. die Lebensweise der Eltern, die mit gutem Beispiel vorangehen und Selbstständigkeit und Unternehmergeist nicht lehren, sondern leitbildhaft vorleben, so dass sich Kinder und Jugendliche damit *identifizieren können*. Das Verhalten von familiären Bezugspersonen, insbesondere der Eltern, hat prägenden Einfluss auf die eigene Entwicklung, die Lebensgestaltung und auch auf die spätere berufliche Orientierung und Berufswahl. Während Vorbilder und Ideale nie völlig erreichbar sind und eher Wunschcharakter haben, hat das Vorleben mehr pragmatische Bedeutung als *Orientierungshilfe für das Leben*. Nur überzeugende »best practice«-Beispiele können aus der Sicht- eine Lebensweise machen. Die systematische Förderung muss schon im Kindergarten und in der Schule beginnen.

Was also macht den Erfolg einer selbstständigen Unternehmerpersönlichkeit im 21. Jahrhundert aus? Egoismus, eiserne Disziplin und Durchsetzungsvermögen? Neugier, Kreativität und positives Denken? Oder Mut, Geduld und Selbstbeherrschung? Das Erfolgsgeheimnis einer Unternehmerpersönlichkeit besteht in einer Mischung aus Ichstärke und Verantwortungsbereitschaft. Selbst- und Sozialkompetenzen halten sich dabei die Waage. Und so sieht das *Idealprofil des Lebensunternehmers* aus:

Autonomie und Charakter
- Selbstvertrauen
- Charakterstärke
- Optimismus
- Ehrlichkeit

- Kritikfähigkeit
- Geduld
- Spontaneität

Verantwortung und Soziabilität
- Verantwortungsbereitschaft
- Kontaktfähigkeit
- Teamfähigkeit
- Toleranz
- Gerechtigkeitsgefühl
- Respekt

Fleiß und Leistungsorientierung
- Fleiß
- Leistungsstreben
- Disziplin
- Pflichterfüllung
- Selbstbeherrschung
- Bescheidenheit

Konvention und Akzeptanz
- Freundlichkeit
- Höflichkeit
- Gutes Benehmen
- Anpassungsfähigkeit

Die Vielfalt der Anforderungen an eine selbstständige Unternehmerpersönlichkeit lässt die Frage offen, welche Fähigkeiten mit
Sicherheit erlernbar (z. B. richtiges Benehmen) und welche nur
bedingt trainierbar sind (z.B. Charakterstärke, Optimismus).

(Vor)gelebte Selbstständigkeit

Sich ein Leben lang selbst beschäftigen können wird in Zukunft wichtiger als abhängige Beschäftigung sein. Erfahrungsgemäß macht sich eine unselbstständige Lebensführung im späteren Leben bemerkbar: Wer nicht in Kindheit und Jugend zur Selbstständigkeit angehalten wird, ist nachweislich auch weniger zur Mitarbeit in Parteien, Gewerkschaften oder Bürgerinitiativen bereit und übt seltener ein Amt in einem Verein oder einer Organisation aus. Unselbstständige übernehmen privat wie beruflich ungern Verantwortung und rechnen bei dem, was sie machen, selten mit Erfolg *(8)*.

Lebensunternehmertum ist übrigens keine Frage von Schulbildung, Einkommen oder Schichtzugehörigkeit – *ist aber auch nicht einfach angeboren:* Man kann und muss auch schon etwas dafür tun! Eine frühzeitige wirksame Erziehung zur Selbstständigkeit kann sogar die als schicksalhaft erscheinende Schichtzugehörigkeit zeitweise aufheben, d. h. in bestimmten Entscheidungssituationen können Arbeiter und Freiberufler als *Leitpersonen* dicht zueinander rücken: Arbeiter mit Persönlichkeitsstärke verhalten sich beim Setzen von beruflichen Prioritäten überraschend ähnlich wie leitende Angestellte *(9)*. Die Grenzen sind fließend, ja verwischen sich.

Im 21. Jahrhundert werden sich vor allem selbstständige Menschen behaupten. Menschen also, die nicht resignieren, wenn sie nicht mehr gebraucht werden (z.B. als Arbeitslose oder Frührentner), sondern bereit und in der Lage sind, sich neue Lebensziele zu setzen und neue Lebensaufgaben zu übernehmen. Mehr als je zuvor wird die *Fähigkeit zur Eigeninitiative* gefordert sein.

Lebensunternehmertum als Leitbild der Zukunft

Lebensunternehmer nehmen ihr *Leben als Potenzial* wahr, für das sie sich selbst verantwortlich fühlen und aus dem sie das Beste machen. Sie sind hoch motiviert und produktiv und zugleich bereit, Verantwortung zu tragen – in der Elternrolle, als Vereinsmitglied, als Angestellter (= Unternehmer am Arbeitsplatz) oder Freiberufler *(10)*. In einer Multioptionsgesellschaft, in der die Menschen in der Vielfalt der Optionen und Angebote zu ertrinken drohen, in der es keine gottgegebenen Prinzipien und kaum noch staatliche Weisungskultur gibt, ist der autonome Mensch in allen Lebensbereichen gefordert. Wenn alles machbar, wählbar und erreichbar erscheint, wird es geradezu unverzichtbar, dass es Lebensunternehmer gibt, die »ihren« Weg finden und gehen können.

Kindheit, Jugendzeit, Ausbildung, Familiengründung, Berufsphase, Ruhestand – in allen Lebensphasen spielt das unternehmerische Handeln eine große Rolle. Die größte Bedeutung kommt allerdings dem *frühen Erwachsenenalter* zu: Junge Erwachsene müssen die Weichen für ihr Leben stellen, beruflich und auch ganz privat. Eine falsche Entscheidung in dieser Lebensphase kann folgenreich für das ganze Leben sein. Dies trifft insbesondere für die Ausbildung und den Einstieg in den Beruf zu. In dieser Lebenssituation »muss« man die Dinge selber in die Hand nehmen können.

Genauso wichtig ist aber der *familiäre Rückhalt*. Ganz im Beruf aufgehen, das kann auch heißen, sich voll auf die Familie verlassen können und darauf vertrauen, dass alle ihre Aufgaben selbstständig erledigen. Wer beispielsweise im Beruf zeitlich, physisch und mental teilweise bis an die Grenze der Belastbarkeit gefordert ist, kann dieser Dauerbelastung nur standhalten, wenn er sich privat den Rücken freihält. Eine intakte Familie zeichnet sich vor allem durch Verlässlichkeit aus: Hier hat und erfüllt jeder seine Aufgaben – wie im Geschäftsleben auch.

Für die Zukunft zunehmend wichtiger wird ein anderer Aspekt: *Selbstständigkeit im Alter.* Vor dem aktuellen Hintergrund ständig steigender Lebenserwartung, was auch Hochaltrigkeit und Langlebigkeit zur Folge hat, kann es ebenso lebenswichtig wie lebensqualitätserhaltend sein, nicht auf die Hilfe anderer angewiesen zu sein. Selbstständigkeit im hohen Alter heißt, sich selbst helfen können. Selbsthilfe kann Fürsorge und Sozialhilfe entbehrlich machen, wobei natürlich der Wunsch nach Nähe auf Distanz und nach emotionaler Zuwendung und Unterstützung davon unberührt bleibt.

Selbstständige Lebensführung und ehrenamtliche Tätigkeit weisen viele Gemeinsamkeiten auf – in der Motivation, der Zielsetzung, der Vorgehensweise und der Umsetzung. *Ehrenamtliches Engagement insbesondere bei Jugendlichen* prägt den Charakter. Wer sich ehrenamtlich engagiert, macht dies freiwillig, tut dies aus eigenem Antrieb heraus, ist als Person gefordert und will etwas schaffen oder verändern. Die Entwicklung und Realisierung von Eigeninitiative im Jugendalter fördert das Lebensunternehmertum – vom freiwilligen sozialen Dienst in der Kranken- oder Altenbetreuung über die aktive Mitwirkung in der Jugendvereinsarbeit bis zur Organisation und verantwortlichen Leitung einer Gruppenreise mit Kindern und Jugendlichen. Die gemachten Erfahrungen sind eine *Schule des Lebens.*

Unternehmerisches Handeln wirkt wie ein Lebenselixier: Es fördert eine Lebensorientierung mit Plänen und Wünschen für die Zukunft. Es verhindert, dass Eigeninitiative auf der Strecke bleibt. Diese unternehmerische Grundhaltung im Leben sagt nichts über Aktivitäten oder Aktionismus aus. Sie ist vielmehr eine innere Lebenshaltung, sich den Herausforderungen des Lebens aktiv zu stellen. *Selbstständigkeit im Leben ist ein Weg, zu leben und nicht gelebt zu werden.*

Hierzu sind von früher Kindheit an Spuren zu legen: Der Vater, der z. B. seine Tochter zum Do-it-yourself motiviert. Oder die Großeltern, die den Kleinen ermutigen, seinen eigenen Kaninchenstall zu bauen (und die ihm beim Neubau helfen). Hinzu kommen Möglichkeiten, auf sich stolz zu sein: *Ermutigung* durch enge Bezugspersonen oder durch Gleichaltrige. Ein Satz wie »*Du schaffst das schon*« kann zu einem positiven Lebensprogramm werden. Der Lehrer, der eine Klasse übernimmt und den Schülern prognostiziert »Sie werden alle die Prüfung schaffen und zwar gut« motiviert seine Schüler, so dass diese Prophezeiung in der Regel auch wahr wird.

In »echten«, d. h. ernsthaften Projekten lernen Kinder und Jugendliche eine Reihe von *Fertigkeiten*, die für die eigene Selbstständigkeit hilfreich sind:

- Zeit einteilen.
- Abläufe organisieren.
- Informationen einholen, verarbeiten und bewerten.
- Kreativ handeln.
- Improvisieren und planen, auch Krisen managen (»Der Wolkenbruch im Zeltlager«).
- Kontakt- und Konfliktfähigkeit erlernen.

Auch die kleinen Dinge des Lebens können frühzeitig gelernt werden wie z. B.: einfache Ordnung halten, formale Regeln befolgen. Hinzu kommen für das Lernziel Lebensunternehmertum jene Fächer, die im Zuge von Sparmaßnahmen und Lehrermangel öfter ausfallen oder als Verschiebebahnhof für andere Fächer missbraucht werden: *Kunst* und *Musik* fördern Kreativität, *Sport* steigert die Leistungsfreude, *Religion* vermittelt Werte und in der *Theater-AG* lernt man freies Sprechen und auf einer Bühne stehen.

Die Bildungspolitik wird ihr Selbstverständnis neu definieren müssen. Bildung muss in Zukunft wieder ganzheitlicher verstanden werden. Die bildungspolitische Herausforderung der Lernarbeit kann nur heißen: Lernziel Lebensunternehmertum auf dem Weg zu einer neuen Balance des Lebens zwischen Familie und Beruf. Dazu gehört insbesondere die *Stärkung der Gemeinschaftsfähigkeit*. Für andere da sein ist ja bisher mehr ein programmatisches Lebensprinzip und weniger eine realisierte Lebensgewohnheit gewesen. Dieses Manko können sich viele Menschen in Zukunft nicht mehr leisten. Weil es immer weniger Familien mit Kindern gibt, werden die Familien- und Verwandtschaftsnetze kleiner – im gleichen Maß, wie der Anteil der Alleinstehenden im höheren Lebensalter größer wird. Es bleibt fraglich, ob in Zukunft so genannte Lebensabschnittspartner zu gleichen Hilfeleistungen bereit sind wie die Partner in einer dauerhaften Lebensgemeinschaft.

Die Menschen in der künftig älter werdenden Gesellschaft müssen also mehr als bisher kompetent und in der Lage sein, sich eigenständig soziale Netze aufzubauen. Aus der möglichen Hilfsbereitschaft muss eine tatsächliche werden. Dafür spricht auch, dass z.B. die meisten Jugendlichen heute der Auffassung sind, die Menschen sollten *sich gegenseitig mehr helfen* und nicht alle sozialen Angelegenheiten einfach dem Staat überlassen.

Das
zweite
Gebot
des 21. Jahrhunderts

Verwechsle deinen Lebensstandard
nicht mit deiner Lebensqualität.

Neues Wohlstandsdenken

Als unlängst wieder einmal die Spitzen aus Politik und Wirtschaft auf dem Weltwirtschaftsforum in Davos zusammenkamen, wurde eine Art Abgesang auf das »Alte Europa« eingeläutet: Die westlichen Industrieländer hätten in den letzten Jahrzehnten vielen Menschen materiellen Wohlstand gebracht, aber die soziale Gerechtigkeit weitgehend vergessen. Und auch wirtschaftlich gesehen sei die Blütezeit des alten Kontinents vorbei. Gemessen am Bruttosozialprodukt würde Deutschland schon bald von China überholt. Und bis 2025 werde auch Indien vorbeiziehen. Deutschland könne sich in Zukunft seines Wohlstands nicht mehr sicher sein.

In der ganzen Welt soll es – sieht man einmal von Ameisen, Bienen und Termiten ab – kaum ein anderes Lebewesen geben, das sich wie der Mensch die Hortung und den Besitz von Gütern zur Lebensaufgabe gemacht hat und sich verzweifelt an erworbene Güter klammert. Doch der Automatismus – mehr Wachstum gleich mehr Wohlstandsgüter – funktioniert nicht mehr. Der naive Glaube, alles könne permanent gesteigert und eine Niveauebene höher gefahren werden, ist infrage gestellt. In Wirtschaft und Politik setzt sich eher die Erkenntnis durch: Der *Fahrstuhl-Effekt*, wonach wir stetig nach oben fahren in eine Welt, in der es uns immer besser geht, wird vom *Paternoster-Prinzip* abgelöst: Einige fahren nach oben, andere nach unten – und müssen auf halber Strecke oder gar unten aussteigen.

Noch in George Orwells 1948 geschriebenem Zukunftsroman »1984« verkündete das so genannte *Ministerium für Überfülle* den Menschen »herrliche Neuigkeiten« und ein »neues glückliches Leben.« Und das hieß konkret: Mehr Textilien, mehr Häuser, mehr Möbel, mehr Kochtöpfe, mehr Brennstoff, mehr Schiffe, mehr Helikopter … Das energieintensive Konsumgebaren war kaum noch zu steigern. Die George Orwell'sche Vision von Überfülle und Immer-Mehr fand in der westlichen Welt im *Traum vom Überfluss* ihre vermeintliche Erfüllung. Die westlichen Konsumgesellschaften lebten jahrzehntelang in der Vorstellung, das *Zeitalter des Wohlstands* sei angebrochen und es ginge lediglich noch um die Frage, was wir in Zukunft alles noch haben wollten.

Der amerikanische Soziologe David Riesman stellte erstmals in den fünfziger Jahren die selbstkritische Frage: »Wohlstand – wofür?« *(1)*. Wenn die Menschen der Güter überdrüssig würden, weil sie fast alles schon hätten, was bedeutete dann diese *neue Bedürfnislosigkeit* für die Wirtschaft? Riesman konnte seinerzeit nachweisen, dass insbesondere die Amerikaner mehr Zukunftsangst vor der totalen Sinnlosigkeit als vor der totalen Vernichtung (z.B. durch Atomkrieg) hatten. In jedem Fall, so meinte er, müssten dann die Vorstellungen von Wohlstand und Wohlfahrt geändert werden. Riesman prognostizierte, dass die Menschen über *neue Werte und neue Sinninhalte* nachdenken würden, wie sie das schon immer in Krisenzeiten getan hätten. Sie würden Werte wieder entdecken und sich an *grundlegende kulturelle Imperative* erinnern, die sie zuvor leichtfertig verdrängt hätten.

Nicht nur wegen des 11. Septembers 2001 hat sich das Wohlstandsdenken in der westlichen Welt verändert. Der Traum oder Alptraum vom Orwell'schen Ministerium für Überfülle bis hin zur Überfluss- und Überdrussgesellschaft hat sich nicht erfüllt. Jetzt heißt es Abschied zu nehmen von der Euphorie für das grenzen- und bedenkenlose Geldausgeben. *Die fetten Jahre sind vorbei: Das Schlaraffenland ist abgebrannt.*

»Nur wer im Wohlstand lebt, lebt angenehm!« An diese Wohlstandsformel in Bertolt Brechts »Dreigroschenoper« hatten wir uns jahrzehntelang gewöhnt. Und vielfach auch daran geglaubt. Doch mit der ersten Öl-/Energiekrise 1972/73 und der gleichzeitigen Warnung des CLUB OF ROME vor den »Grenzen des Wachstums« *(2)* wurde unser materielles Wohlstandsdenken erstmals infrage gestellt. Nicht mehr alle technologischen Errungenschaften können seither als sozialer Fortschritt gefeiert werden. Es hat wenig Sinn, den materiellen Wohlstand ständig steigern zu wollen, wenn dabei die persönliche Lebensqualität hinterherhinkt. Bereits 1963 sprach der amerikanische Präsident John F. Kennedy in seinem Bericht zur Lage der Nation davon, dass »die Qualität des Lebens Schritt halten muss mit der Quantität der Güter« *(3). Wohlstand ohne Lebensqualität kann kein sozialer Fortschritt sein.*

Der amerikanische Ökonom Tibor Scitovsky stellte daher in den siebziger Jahren erstmals den Begriff der »Wohlstandsgesellschaft« grundsätzlich in Frage *(4)*. Eine ständige Steigerung des Lebensstandards gehe doch nicht zwangsläufig mit einem gesteigerten Wohlgefühl einher. Ganz im Gegenteil: Die *Hierarchie der Lebensfreuden* drohe eher verloren zu gehen. Das Geldverdienen könne daher auch nicht länger der einzige Maßstab für den Wert eines

Menschen sein. Es sei daher höchste Zeit, den nur auf materiellen Wohlstand aufgebauten Lebensstil zu überprüfen.

Inzwischen ist ein Vierteljahrhundert vergangen. Und auf einmal greifen Sozial- und Wirtschaftsforscher die Frage »*Wohlstand – wofür?*« dringender denn je wieder auf. Der Sozialwissenschaftler Meinhard Miegel nimmt Zeichen einer »*Epochenwende*« wahr, der Wirtschaftswissenschaftler Richard Layard fordert einen »*Kurswechsel*« für Politik und Wirtschaft, und der Rechtsexperte und Richter des Bundesverfassungsgerichts Udo Di Fabio spricht von »*Zeitenwende*« und macht sich Gedanken über ein neues Drehbuch des guten Lebens.

Mit »*Epochenwende*« meint Miegel den Verlust der weltweiten Vorherrschaft des westlichen Lebensstils, der wesentlich auf einer ständigen Steigerung des materiellen Wohlstands aufgebaut ist. Dieser über Generationen gehaltene Wohlstandsvorsprung gegenüber anderen Ländern hat den Westen »müde und mürbe gemacht«, weshalb er auch keine bestandserhaltenden Geburtenraten mehr aufweist *(5)*. Das angeblich nie versiegende Wirtschaftswachstum ist an seine Grenzen gestoßen. Jetzt *muss das immaterielle Wohlstandsniveau wieder entdeckt werden*, wenn Wohlstand auch Wohlbefinden einschließen soll. Das bedeutet: Das Wohlstandskonzept des 21. Jahrhunderts muss weit über die bloße Mehrung des materiellen Wohlstands hinausgehen, *über Werte nachdenken und Maßstäbe setzen*. Diese neue Qualität des Wohlstands hat viel mit Lebenssinn und sozialem Zusammenhalt zu tun.

In gleicher Weise macht sich der englische Ökonom Richard Layard ernsthaft Gedanken über den *Zusammenhang zwischen Wohlstand und persönlicher Zufriedenheit*. Er kritisiert die unreflektierte Angewohnheit vieler Wirtschaftswissenschaftler, das Glück einer Gesellschaft mit Kaufkraft gleichzusetzen. Natürlich hat sich unser

Lebensstandard in den letzten Jahrzehnten verbessert. Nur: Das Glück der Menschen ist dadurch doch nicht größer geworden. Ganz im Gegenteil: Viele fühlen sich eher schlechter und sehnen sich nach neuen Idealen der Zwischenmenschlichkeit und des Gemeinwohls: »Der materielle Wohlstand hat uns um keinen Deut glücklicher gemacht« *(6). Glücksfaktoren sind nach wie vor Gesundheit, Freunde und familiäre Beziehungen* und lassen sich nicht an der Höhe des Bruttosozialprodukts messen.

Genau hier setzt auch der Sozialwissenschaftler und Richter des Bundesverfassungsgerichts Udo Di Fabio an. Der Westen steht vor einer *Zeitenwende*: Die Gesellschaften überaltern und verlieren an Urbanität, und traditionelle Sinngehalte drohen verschüttet zu werden. Es fehlen Lebenskonzepte, die gleichermaßen beruflichen Erfolg und privates Glück versprechen. Dies alles deutet auf eine verhängnisvolle Fehlentwicklung hin: Wenn heute ein immer größer werdender Teil des akademisch gebildeten Mittelstands kinderlos bleibt, dann geht die *Erziehungskompetenz fast einer halben Generation Akademiker verloren* mit absehbaren Folgen für die Zukunft unserer Gesellschaft *(7)*. Die am besten ausgebildete soziale Bevölkerungsschicht wird auf diese Weise ausgedünnt und geschwächt. Wir werden also unsere kulturellen Weichen wieder umstellen und uns für eine Kultur der Freiheit entscheiden müssen, die sich nicht länger von glitzernden Fassaden blenden lässt. Zum neuen Fundus an *qualitativem Wohlstand* gehören dann die Freiheit und das Glück, Familien wieder gründen und mehr Lebensqualität als Lebensstandard im Blick haben zu können.

In den vergangenen Wohlstandszeiten gab es ein *Unzufrieden-heitsdilemma*: unzufriedene Bürger bei guten Lebensbedingungen (= »Jammern auf hohem Niveau«). Mit der Wohlstandswende und dem damit einhergehenden Wandel vom Lebensstandard- zum Lebensqualitätsdenken kommt es zum *Zufriedenheitsparadox*: zufriedenere Bürger bei schlechteren Lebensbedingungen (»weniger ist mehr«). Die Bürger arrangieren sich zunehmend mit einem angemessenen Lebensstandard *(8)* und denken dabei mehr an ihr subjektives Wohlbefinden (OECD: »Well-Being«) im Bereich von Arbeiten und Wohnen, Familie und Freundeskreis, Gesundheit und sozialer Geborgenheit.

Lebensqualität zwischen Zufrieden- und Glücklichsein

Es macht auf Dauer nicht glücklich, wenn man immer das bekommt, was man sich wünscht. Kurzfristig mag man sich glücklich fühlen; langfristig erzeugen jedoch weder ein neues Auto noch ein Zweitfernseher die gleichen Glücksgefühle wie am Anfang. Menschen fühlen sich subjektiv immer dann am wohlsten, wenn *Ansprüche und Möglichkeiten im Gleichgewicht* sind. Leben Menschen über längere Zeit im Wohlstand, steigen ihre Ansprüche entsprechend ihrer Lebenssituation. »Glück« ist also nicht das Ergebnis von Wohlstand, sondern nur eine vorübergehende Folge des Umstandes, dass es einem im Augenblick besser geht als vorher.

Die menschliche Natur braucht offensichtlich diesen Prozess der Anpassung zum Leben und Überleben, weil sonst die Erfüllung aller Wünsche unweigerlich zur Übersättigung führt und unzufrieden macht. Eine Haupterklärung dafür, warum Wohlhabende nicht unbedingt glücklicher sind. Glück kann man schließlich nicht kaufen. Während früher materielles Wohlergehen und physische Sicherheit ganz im Vordergrund standen, wird jetzt mehr Gewicht auf die immaterielle Lebensqualität gelegt *(9)*. Es breitet sich der *Wunsch nach den schönen Dingen des Lebens* aus.

Lebensqualität zählt heute zu den höchsten Werten unserer Gesellschaft. Dabei geht es um neue Bedürfnisse und neue Werthaltungen, neue Ansprüche und neue Dienstleistungen, vor allem um mehr individuelles Wohlbefinden und höhere Lebenszufriedenheit. Auf einen Nenner gebracht: *Suche nach Glück*. Privates Glück in Partnerschaft, Familie und Freundeskreis, eine berufliche Arbeit haben und genügend Zeit zum Leben und Erleben. »Zufrieden- und Glücklichsein« sind nur andere Umschreibungen für Lebensqualität. Das *Zufriedensein* ist eher das Ergebnis einer verstandesmäßigen Bewertung, während das *Glücklichsein* mehr einen Gefühlszustand beschreibt, der sich aus positiven Erlebnissen und Erfahrungen ableitet. Die Erfahrung von Glück unterliegt ganz der subjektiven Bewertung *(10)*: Nur etwa ein Viertel der Bevölkerung betrachtet sich als »sehr glücklich«.

Der Schlüssel zur Frage von Lebensglück ist *primär in der Persönlichkeitsstruktur eines Menschen verankert*. Wenn Glück so stark von biographischen Gegebenheiten und subjektiven Erwartungshaltungen geprägt ist, kann eine vollkommen glückliche und zufriedene Gesellschaft nur eine unerreichbare Utopie sein. Weniger auszuschließen ist hingegen die rapide Zunahme oder gar Eskalation von allgemeiner Unzufriedenheit in einer Gesellschaft. Eine solche Entwicklung birgt erheblichen sozialen Zündstoff. Dies gilt vor allem für die Bevölkerungsgruppen, bei denen sich Anlässe für Unzufriedenheit häufen (z. B. Arbeitslosigkeit, Armut). Die Situation solcher Minderheiten ist umso problematischer und brisanter, je besser es der Mehrheit geht *(11)*.

Gesellschaft und Politik sollten keinen Wohlstandsgraben zwischen Minder- und Mehrheiten aufkommen lassen und spürbar ungleiche Verteilungen von Lebensqualität in einer Gesellschaft systematisch abbauen. Für die Politik müssen daher Informationen über *das subjektive Wohlbefinden der Bürger von fundamentaler Bedeutung* sein. Es kann allerdings nicht Aufgabe des Staates sein, jedem Bürger ein sorgenfreies und glückliches Leben zu garantieren, was gesellschaftlich auch gar nicht wünschenswert wäre. Denn wahrgenommene Defizite stellen eine wichtige Antriebskraft für individuelle Veränderungen und sozialen Wandel dar. Aufgabe staatlicher Politik ist es vielmehr, solche Lebensbedingungen zu schaffen, unter denen die Bürger über genügend Ressourcen und Kompetenzen verfügen, sich um ihr subjektives Wohlbefinden selber zu kümmern. Ein *Gleichgewichtszustand zwischen Ansprüchen und Möglichkeiten* ist anzustreben. Jedenfalls birgt eine zu große Kluft ein erhebliches Konfliktpotential in sich.

In der gesellschaftspolitischen Diskussion hat es vielfältige Versuche zur Bestimmung und Bewertung der Lebensqualität gegeben: »Schlüsselbegriff«. »Projektionsbegriff«. »Konkrete Utopie«. Der häufige, beinahe inflationäre Gebrauch des Wortes darf nicht darüber hinwegtäuschen, dass damit *fundamentale Wohlfahrtsfragen* unserer Gesellschaft berührt werden. Trotz unterschiedlicher gesellschaftspolitischer Zielvorstellungen beinhaltet der Begriff – im Unterschied etwa zum materiellen Lebensstandard – immer auch die weniger leicht messbaren menschlichen Grundbedürfnisse und subjektiven Einschätzungen der eigenen Lebenssituation (z.B. individuelle Lebenszufriedenheit).

Wohlfühlen zwischen Not und Überfluss

Aus kultursoziologischen Forschungen geht hervor, dass es Menschen *im Mittelbereich zwischen Not und Überfluss subjektiv am besten geht*. Diesen Menschen fehlt noch etwas, wofür sich Arbeit und Anstrengung lohnen. Ihr Leben hat schließlich eine Richtung: nach oben. Und die Erfahrung lehrt: Menschen, die nach oben wollen, haben eher Mittel-Krisen, Menschen, die oben sind, dagegen Sinn-Krisen. Die einen sind noch unterwegs, die anderen sind schon angekommen. Für die, die noch nicht alles haben, ist das Leben eine spannungsreiche Herausforderung *(12)*. Das Glück liegt im Wünschen und nicht im wunschlosen Glücklichsein.

Im subjektiven Empfinden ist Lebensqualität ein Synonym für Wohlfühlen, eine schöne angenehme Stimmungslage, nicht euphorisch, eher moderat: *Wohlfühlen in der eigenen Haut,* rundum subjektives Wohlbefinden. Eckpfeiler für das Wohlgefühl sind Wahlfreiheit und Naturnähe: zwanglos und ohne Zeitdruck sein, das Gefühl der Weite im Sinn von Wahlfreiheit und eine immer mitschwingende Sehnsucht nach Naturnähe im übertragenen Sinn: In-sich-selbst-Ruhen und Einssein mit der Natur.

Die emotionale Ebene der Lebensqualität resultiert aus dem Bedürfnis nach Abschalten und Abreagieren, nach Aufbauen und Auftanken. Man will sich vom Leistungsdruck lösen, sehnt sich nach Ausgeglichenheit und Gelassenheit. Doch das Wohl-Gefühl stellt sich nur vorübergehend ein. Aus Angst, in Lethargie zu verfallen, entsteht schnell wieder der Anspruch, etwas machen zu müssen. Wohlfühlen bedeutet zwar »Entspannung total« oder »Schlafen und Versinken«, birgt aber auch die Gefahr der Starre und des Erstarrens in sich. Dieses bedrohliche Gefühl verunsichert und lässt den Wunsch nach Lebendigkeit und Dynamik aufkommen.

Wenn es das Wort Lebensqualität nicht gäbe, dann blieben immer noch Lebensfreude und das Leben an sich. Vielleicht wird Lebensqualität als der umfassendste Begriff empfunden, weil er Freiheit und Selbstverwirklichung genauso wie Zufriedenheit und Glücklichsein beinhaltet. In dem *Fühlen und Füllen des Lebens* scheint für viele die Grundfunktion der Lebensqualität zu liegen. Manchmal ist Lebensqualität nur ein Traum, eine Hoffnung oder eine Illusion vom wahren Leben. Es erscheint daher *realistischer, sich zu bescheiden* und das Nahziel »Schöner leben« anzustreben:

Ambiente, Wärme und Komfort, Gemütlichkeit, Geborgenheit und Unbeschwertheit.

Lebensqualität gleicht bildhaft einem *Torten-Symbol:*
- ein Genuss und immer »süß«,
- eine vielschichtige Substanz, die aus individuellen Zutaten besteht,
- ein Traum (die »Sahne«) – vergleichbar mit kostbaren, fast unerreichbaren Inhalten und Zielen.

Allerdings: Eine Torte muss eingeteilt werden, so wie die wichtigsten Dinge des Lebens nur portioniert erhältlich, verträglich oder genießbar sind. Lebensqualität gibt es nur in »Portionen« oder als ein »Stück« Sicherheit (z. B. in der Familie). Die Torte kann noch so reichhaltig sein: Es fehlt eigentlich immer ein Stück (z.B. Zeit oder Geld). Und schon taucht das Bild von der »zerflossenen Sahne« auf – ein Synonym für unerfüllbare oder leicht zerstörbare Träume.

Die ganz persönlichen Lebensqualitätsvorstellungen lassen sich in Bilder fassen:

- *Geruhsames: Alltag abtropfen lassen*
  (»Stiller See«, »Schiff, das sich treiben lässt«, »zufallende Augen«, »im Bett liegen«, »Seele baumeln lassen«, »Entspannung total«).
- *Sinnliches: Natur spüren*
  (»Sand unter den Füßen«, »Sonnenuntergang am Meer«, »Wärme auf dem Gesicht«, »Erde riechen«, »Gras spüren«).
- *Soziales: Gesellig sein*
  (»Mit Freunden kochen, essen, reden«, »zusammen genießen«, »Leute im Café beobachten«, »lachende Gesichter«, »Welt umarmen«).

- *Aktives: Ankommen müssen*
  (»Hindernislauf«, »Wassergraben«, »Bergauffahrt«, »brennende
  Füße«, »hinfallen«, »überschwemmt werden«, »Sieg nach lan-
  gem Kampf«).

Solche Bilder beschreiben den *Traum von der Lebenszufriedenheit*:
Das Individuum ruht in sich selbst, zufrieden und glücklich, aber
auch ichbezogen. Die soziale Dimension der individuellen Lebensqualität hat ein wenig Kulissencharakter: Man braucht die
Freunde und lachenden Gesichter der sozialen Umwelt für das
eigene Glücklichsein. Lebensqualität kann nur die Summe vieler
kleiner Freuden des Lebens sein, die den Menschen das glückliche
Gefühl gibt, wenigstens zeitweilig einige wichtige Wünsche und
persönliche Ziele des Lebens zu erreichen.

Lebensqualität als Glückspyramide

Die persönliche Lebensqualität gleicht dem Bild einer Glückspyramide, deren stabiles Fundament die Gesundheit ist und die nach
oben zur Spitze hin (z. B. Kultur/Religion) an Bedeutung verliert:
Offensichtlich können manche Menschen auch ohne Religion
ganz glücklich leben. Die Glückspyramide erinnert ein wenig an
die von Abraham H. Maslow in den fünfziger Jahren aufgestellte
Bedürfnishierarchie (13) – mit einem wesentlichen Unterschied:
Nicht mehr die Selbstverwirklichung, sondern das eigene Glücks-
erleben ist heute das erstrebenswerteste Ziel. Eine harmonische
Partnerschaftsbeziehung ist viel beglückender, ein intensives Na-
turerleben wohltuender, eine schöne Wohnung stimmungs- und
ein gutes Essen und Trinken genussvoller. Und der *Höhenflug des
Glücksgefühls* muss beinahe vollkommen erscheinen, wenn möglichst viele oder gar alle Ebenen der Glückspyramide wenigstens
für Augenblicke erlebt und durchlebt werden können.

Die *Gesundheit* gehört zu den wichtigsten Aspekten im Leben eines Menschen. Schließlich beeinflusst die gesundheitliche Lage wesentlich die Möglichkeiten zur Arbeitszufriedenheit, zum Konsumgenuss oder zur Teilnahme an kulturellen Veranstaltungen. Darüber hinaus ist der Gesundheitszustand auch für die Gesamtgesellschaft von großer Bedeutung. So werden beispielsweise etwa zehn Prozent des Bruttosozialprodukts für Gesundheitserhaltung und Krankheitsbekämpfung verwendet. Gesundheit wird daher als *das wichtigste Lebensgut* empfunden.

Der Mensch ist ein soziales Wesen und auf *Partnerschaft* angewiesen. Partnerschaft ist das zweitwichtigste Bestimmungsmerkmal für Lebensqualität. Allerdings differieren hier – je nach Lebenssituation – die Auffassungen über ihre Wichtigkeit im Leben. Familien mit Kindern bewerten Partnerschaft deutlich höher als etwa Paare oder Singles. Singles neigen dazu, sich – fast zum Selbstschutz – ihre eigene Welt von Lebensqualität aufzubauen, die sich in der Hauptsache um Arbeit, Freizeit und Freunde dreht.

Mit der Lebensphase und dem Lebensalter kann sich auch die Einstellung zum Leben grundlegend verändern. Dabei zeigt sich: *Gesundheit, Natur und Religion sind die einzig wirklichen Konstanten im Leben.* Die Natur macht keine Sprünge, und im Laufe des Lebens hält sie ungebrochen ihre hohe Bedeutung für das persönliche Wohlbefinden bei. Ganz anders dagegen der Stellenwert der Arbeit, der in der Jugend und im Alter am geringsten ist, für die mittlere Generation aber die höchste Bedeutung hat. Eine weitere Besonderheit ist bemerkenswert: *In der Jugend ist Konsum mehr als doppelt so wichtig wie die Religion.* Mit zunehmendem Alter verkleinert sich die Wertekluft.

Glücksmomente und Zukunftshoffnungen

Was braucht man eigentlich zum Glücklichsein, zum Sich-Wohl-fühlen in der eigenen Haut? »Ein gutes Buch, ein paar Freunde, eine Schlafstelle und keine Zahnschmerzen«, so hätte Theodor Fontane diese Frage beantwortet. Die Menschen im 21. Jahrhundert sehen dies ähnlich, aber doch nicht gleich: Sie möchten mobil sein, aber auch in Atmosphäre baden, von Medien umgeben, aber auch mit Menschen zusammen sein. Es ist das *Genusspotential*, das die Menschen zeitweilig Glück empfinden lässt: Der Genuss des guten Essens und Trinkens, die Freude an dem Kontakt zu netten Nachbarn, die Unterhaltung beim Fernsehen, die Beschaulichkeit beim Lesen von Büchern, Zeitungen und Zeitschriften und die Urlaubsreise als populärste Form von Glück. Und der Partner soll möglichst dabei sein, damit sich auch das subjektive Wohlfühlen einstellt.

Es zeichnet sich ein *Wandel von der Erlebnisgesellschaft zur Wohl-fühlgesellschaft* ab. Das Wohlfühlen in den eigenen vier Wänden wird immer wichtiger. Die Menschen erwarten vom Leben nicht mehr das ganz große Glück. Es sind eher die kleinen Glücksmomente des Lebens in einer entspannten, störungsfreien Atmosphäre: Stimmung, Harmonie, Geborgenheit. Garanten dafür, dass man unbeschwert leben und sich über manche schönen Augenblicke einfach freuen kann.

Die Menschen gehen auf die Suche nach *Lebenssinn – auch jenseits von Konto und Karriere*. Ihre Zukunftshoffnungen richten sich auf den Wunsch nach mehr Muße und sozialen Kontakten. Mit der Vorstellung eines Lebenssinns jenseits der Erwerbsarbeit verbinden sich *vier Zukunftshoffnungen*: mehr Zeit für sich – mehr Zeit mit anderen – mehr Zeit zur Weiterbildung – mehr Zeit zum Tätigsein.

- *Mehr Zeit für sich:* Immer mehr Menschen wollen mehr Zeit für Hobbys, Sport und Reisen haben und auch mehr Muße für sich selbst finden. Dies trifft vor allem für zeitlich stark beanspruchte Berufsgruppen zu.

- *Mehr Zeit für andere*: Soziale Bezüge gewinnen künftig für die Sinnerfüllung des Lebens an Bedeutung. Dabei dominiert die Hinwendung zu Familie und Freunden. Hinzu kommen das Engagement in der Nachbarschaftshilfe, der Altenpflege oder im Umweltschutz sowie die freiwillige und ehrenamtliche Mitarbeit in Organisationen.

- *Mehr Zeit zum Tätigsein*: Auch in Zukunft gibt es genug zu tun – nur nicht immer gegen Geld. Weil die Menschen mehr Zeit, aber weniger Geld zur Verfügung haben, werden Do-it-yourself und Gartenarbeit einen Teil des Geldverdienens ersetzen müssen. Aber auch Nebenjobs können hilfreich sein.

- *Mehr Zeit zur Weiterbildung*: Der Kultur- und Bildungsbereich entwickelt sich expansiv. Groß ist der Wunsch, mehr Kulturangebote wahrzunehmen und sich persönlich weiterzubilden – von Kursen in Sommerakademien bis zu Vorlesungen an der Universität.

In Politik und Gesellschaft wurde bisher weitgehend die Auffassung vertreten, die Erwerbsarbeit als Zentrum des Lebens könne durch nichts Gleichwertiges ausgeglichen werden. Doch die Bevölkerung kann sich sehr wohl vorstellen, Lebenserfüllung auch im arbeitsfreien Teil des Lebens zu finden. Eine *Umbewertung des Lebenssinns* zeichnet sich ab. Lebenssinn kann für viele Menschen auch heißen, in außerberuflichen Tätigkeiten das zu suchen, was sie in der Erwerbstätigkeit nicht mehr finden können: *Selbstdarstellung und Erfolgserleben.*

In Zukunft kann Lebensqualität auch bedeuten, *weniger zu haben und doch besser zu leben*, weniger Geld zu verdienen und doch mehr vom Leben zu haben. Von der alten Lebensregel aus den frühen sechziger Jahren »Mehr Geld = Mehr Glück« (14) heißt es dann Abschied zu nehmen.

> Die Verbesserung der Lebensqualität darf nicht länger mit der Steigerung des Lebensstandards verwechselt werden. Statt also, wie Moses schon kritisierte, immer nur von den »Fleischtöpfen Ägyptens« zu träumen und den Tunnelblick auf die Anhäufung von Geld und materiellem Wohlstand zu richten, sollten wir uns in Zukunft wieder mehr an die alttestamentarische Erkenntnis erinnern: »Lass uns weder arm noch reich sein. Gib uns das, was wir zum Leben brauchen« (Spr. 30,8).

Die Zukunft wird zunehmend der Sinnorientierung gehören – realisiert in der Formel: *Von der Flucht in die Sinne zur Suche nach dem Sinn.* Die Sinnorientierung wird zur wichtigsten Ressource der Zukunft und zu einer großen Herausforderung der Wirtschaft werden. Denn mit jedem neuen Konsumangebot muss zugleich die Sinnfrage »Wofür das alles?« beantwortet werden. *Zukunftsmärkte werden immer auch Sinnmärkte* sein – bezogen auf Gesundheit und Natur, Kultur, Bildung und Religion. Letztlich geht es um Lebensqualität. *Wertebotschaften statt Werbebotschaften* heißt dann die Forderung der Verbraucher, die sich auch als eine Generation von Sinnsuchern versteht. Von Konsumverzicht will sie wenig wissen, dafür umso mehr von der Werthaltigkeit des Konsums als Teil persönlicher Lebensqualität.

Das dritte Gebot

des 21. Jahrhunderts

Mach die Familie zur Konstante deines Lebens und ermutige Kinder zu dauerhaften Bindungen.

Generationenbeziehungen als Zukunftsinvestition

»Es war einmal …« – so beginnen die Gebrüder Jakob und Wilhelm Grimm vor fast zweihundert Jahren ihr Märchen »Der alte Großvater und sein Enkel« *(1)*: Es war einmal ein ganz alter Mann. Seine Augen waren trüb, die Ohren taub und die Knie zitterten ihm. Wenn er nun mit der gesamten Familie bei Tische saß und den Löffel kaum halten konnte, schüttete er manchmal seine Suppe auf das Tischtuch. Und es floss ihm auch etwas wieder aus dem Mund. Sein Sohn und dessen Frau ekelten sich davor. Und deswegen musste sich der alte Großvater hinter den Ofen in die Ecke setzen. Sie gaben ihm sein Essen in ein irdenes Schüsselchen und noch dazu so wenig, dass er kaum satt werden konnte. Da sah er betrübt nach dem Tisch der anderen, und seine Augen wurden ihm nass. Als einmal seine zittrigen Hände das Schüsselchen nicht festhalten konnten, fiel es zur Erde – und zerbrach. Die junge Frau tobte. Er sagte aber nichts und seufzte nur.

Da kaufte sie ihm ein hölzernes Schüsselchen für ein paar Heller. Daraus musste er nun löffeln. Während sie nun alle da so saßen, trug der kleine vierjährige Enkel auf der Erde kleine Brettlein zusammen. »Was machst du da?«, fragte der Vater. »Ich mach ein Tröglein«, antwortete das Kind, »daraus sollt ihr dann essen, wenn ich einmal groß bin.« Da sahen sich beide eine Weile betroffen an, fingen plötzlich an zu weinen, holten sofort den alten Großvater an den Tisch und ließen ihn von nun an immer mitessen. Und sie sagten auch nichts, wenn er gelegentlich ein wenig verschüttete.

Dieses alte Märchen ist insofern ganz modern, als der Generationenvertrag das Zusammenspiel zwischen drei (und nicht nur zwischen zwei) Generationen umschreibt: Die Großelterngeneration hat zeitlebens für die Elterngeneration gesorgt und möchte nun ihrerseits versorgt werden. In diesem *Generationenpakt* spielt die dritte, die *Kindergeneration, eine zentrale Rolle.* Sie bringt nicht nur eine moralische Dimension ins Spiel. Sie macht die Eltern auch darauf aufmerksam, was sie erwartet, wenn sie sich weiterhin so verhalten. Das *Vor*leben der Elterngeneration wird normprägend für die *Nach*kommen nach dem jahrhundertealten »do-ut-des«-*Prinzip*: Ich gebe dir, damit auch du mir – später – gibst. Die Erwartung eines »Gleichgewichts des Gebens und Nehmens« bzw. von Leistung und Gegenleistung ist langfristig angelegt *(2).* Sie begründet den Mehrgenerationenvertrag neuer Prägung.

Dieser Generationenpakt lebt von drei und mehr Generationen, die kooperieren und zusammenhalten:

- Die erste Generation ist bereits in Rente,
- die zweite geht bald in Rente und
- die dritte und vierte Generation machen den Lebensabend erst sicher und lebenswert.

Längsschnittuntersuchungen über mehr als vier Generationen weisen nach: *Generationenbeziehungen werden wichtiger als Partnerbeziehungen (3).* Sie weisen ein höheres Maß an Stabilität auf.

Als Tendenz zeichnet sich für die Zukunft die *Mehrgenerationenfamilie an verschiedenen Orten* (und nicht die Großfamilie unter einem Dach) ab. Dieser neue Familientypus bildet keinen gemeinsamen Haushalt und pflegt doch enge familiäre Beziehungen. Die in der modernen Familienforschung so genannte »multilokale Mehrgenerationenfamilie«, die *Großeltern-Eltern-Kind-Enkel-Beziehung,* gewinnt in gleichem Maße an Bedeutung, wie das partnerschaftliche Zusammenleben von (Ehe-)Paaren an Stabilität verliert. Die Mehrgenerationenfamilie lebt vom Kontakt auf Entfernung bzw. von der Intimität auf Distanz *(4).* Und sie ist zur Stelle, wenn Rat, Hilfe und Unterstützung gebraucht werden.

Der Generationenpakt auf familiärer Basis macht also *aus der sozialen Pflicht ein spannungsreiches Abenteuer* und aus dem öffentlichen Vertrag eine private Vereinbarung, in der das Soziale gleichwertig neben dem Ökonomischen steht. Die Frage, ob unsere Gesellschaft zukunftsfähig ist, ist nicht vom wirtschaftlichen Denken her allein beantwortbar, was auch die Schwäche des traditionellen Generationenvertrags erklärt, der nur das Verhältnis zwischen Beitragszahlern und Rentenbeziehern klärte, in dem aber *Kinder – die Beitragszahler von morgen –* gar nicht vorkamen. Der Nachwuchs wurde übergangen. Entstanden ist so ein engherziger und ungerechter Torso, ein grundlegender Mangel des Rentensystems *(5).* Was Familien leisten, ist – wenn sie es leisten – buchstäblich unbezahlbar.

Was früher eine Seltenheit war, wird bald zur Normalität: die *Vier-* und mitunter auch *Fünf-Generationen-Familie.* In fast jeder Grundschulklasse gibt es heute Kinder, die noch eine Urgroßmutter besitzen. Bei der Einschulungsfeier sitzen dann *mehr Großeltern als*

Geschwister auf den Bänken *(6)*. In einer Fünf-Generationen-Familie können Enkel zugleich Großeltern sein, wenn die Enkel um die 50 Jahre alt sind und ihre Kinder selbst wieder Kinder haben. Heute überschneiden sich die Lebenszeiten der Generationen, während sie früher aufeinanderfolgten.

Der alte Generationenvertrag allein hat keine Zukunft, weil auf eine ehemals große Erwerbstätigengeneration nun eine kleinere folgt und das Umlageverfahren nicht mehr funktioniert. Neue Finanzierungsmodelle (Lebensversicherungen/Pensionsfonds u. a.) täuschen eine Autonomie bzw. Individualisierung des Lebens im Alter vor: *In Wirklichkeit bleiben auch in Zukunft die Generationen aufeinander angewiesen.*

Grimms altes Märchen vom Großvater und seinem Enkel müsste in der modernen Version des Berliner Politologen Heiner Ganßmann *(7)* eigentlich so enden: Der alte Mann resignierte nicht und bekannte trotzig: »Lieber allein verhungern als sich von seinen Kindern so behandelt sehen.« Darauf sahen sich Mann und Frau an, kamen ins Nachdenken und fingen endlich an zu weinen: »Wer wird denn für uns sorgen, wenn wir einmal nicht mehr arbeiten können?« Da klingelte ein Versicherungsvertreter und bot ihnen einen inflationsstabilen Pensionsfonds mit garantierter hochprozentiger Rendite und allerniedrigsten Verwaltungs- und Transfergebühren an. Der Sohn und seine Frau kauften sich von dem, was sie am alten Vater sparten, in den Pensionsfonds ein. Und fürderhin gingen sie jeden Feierabend nachsehen, ob hinter dem Zaun bei den Nachbarn genügend Kinder aufwuchsen, die später für das viele schöne Geld *Suppe für sie kochen könnten* … Weder Aktien, Sparbücher und Pensionsfonds noch die Finca auf Mallorca oder das Penthouse am Luzerner See können den Zusammenhalt der Generationen und die Zuwendung der Familie ersetzen und vergessen machen.

Beständigkeit als neuer Trend

Der in der gesamten westlichen Welt seit den siebziger Jahren feststellbare Wertewandel von den alten Arbeitstugenden zu den neuen Selbstentfaltungswerten weicht einer *Werteverschiebung:* Konvention und Konformität sind wieder im Kommen – vom richtigen Benehmen bis zur Pflichterfüllung. Die Renaissance der alten Werte führt keineswegs zum Untergang postmaterieller, insbesondere hedonistischer Lebensorientierungen. Alles deutet auf eine *Wertesynthese* hin. Das Grundprinzip dieser Wertesynthese lautet: Gleichwertigkeit von materiellen und immateriellen Lebensbedürfnissen. In der Wertesynthese werden alte und neue Werte aufeinander bezogen und nicht gegeneinander ausgespielt. *Statt Werteverfall kündigt sich ein neuer Wertemix an.* Altes wird mit Neuem kombiniert, und die Karriereorientierung wird nicht der Lust am Leben geopfert (und umgekehrt). Auch Selbstdisziplin steht der Selbstverwirklichung nicht im Wege. Die Sinnhaftigkeit des eigenen Tuns steht nun wieder mehr im Zentrum des Lebens. Das Ende der Spaßgesellschaft ist erreicht.

Konsum statt Kinder? Freizeit statt Familie? Das Geld, das Kinder kosten, lieber in das eigene Vergnügen investieren? Das alles war einmal. In den achtziger und neunziger Jahren wollte die junge Generation immer weniger von Heirat und Familiengründung wissen. Jetzt nach der Jahrtausendwende ist eine Trendwende feststellbar: Nicht mehr Sport, Hobby und Urlaubsreisen stehen im Zentrum des Lebens, sondern wieder Ehe, Kinder und Familie.

Irgendwann hört der Spaß auf, wenn die Sinnfrage unbeantwortet bleibt. Der Trend zur Individualisierung des Lebens hat seinen Zenit überschritten. Die Mehrheit der jungen Leute entdeckt die *Werte von Beständigkeit und Verlässlichkeit* wieder. Sie erkennt, dass die Sorge um die Familie und die eigenen Kinder auf Dauer mehr persönliche Lebenserfüllung gewährt, als wenn man immer nur an sich selbst denkt.

Es zeichnet sich ein grundlegender Einstellungswandel ab, der sich allerdings nur langsam entwickelt und nicht von heute auf morgen demografische Veränderungen zeigen wird. Die Unsicherheiten auf dem Arbeitsmarkt und sinkende Realeinkommen sorgen dafür, dass die Gewöhnung an das unbeschwerte Leben zwischen Konsumgenuss und Egotrip an ihre finanziellen Grenzen stößt. Sport, Hobby und Urlaubsreisen muss man sich schließlich auch leisten können. Statt sich also endgültig von der Familie zu verabschieden, arrangieren sich viele: Lebensgenuss und Lebenserfüllung schließen sich für sie nicht mehr gegenseitig aus. Die junge Generation will offensichtlich beides, weil auch im Familienleben genügend Zeit für eigene Interessen bleibt. In unruhigen Zeiten nimmt der Wunsch nach Ruhe und Geborgenheit zu. Die Menschen richten sich auf eine *neue Bürgerlichkeit* ein.

Eine neue *Verantwortungsgeneration* löst die angebliche Spaßgeneration ab. Sich verantwortlich fühlen heißt, für sich und andere, für Freunde und Familie da zu sein, wenn man gebraucht wird. Damit bestätigt sich, was der Philosoph Hans Jonas (1903–1993) bereits in den siebziger Jahren als Neubesinnung gefordert hatte, um das Vakuum des Wertrelativismus zu überwinden. Er sprach von notwendiger *Zukunftsverantwortung*, damit die Menschen nicht in Langeweile und Routine versinken. Eine Ethik der Verantwortung für eine entfernte Zukunft sei erforderlich. Denn: Die Zukunft ist in keinem Gremium vertreten: »Das Nichtexistente hat keine Lobby und *die Ungeborenen sind machtlos« (8).* Dies gilt nicht mehr. Das Prinzip Verantwortung kommt wieder mehr zum Zuge, weil die Menschen nicht mehr wie früher nur auf den Beistand des Himmels vertrauen wollen.

Der Rückhalt der Familie

Optimistischerweise geht man von einer Verbesserung der Partnerschaftsbeziehungen im Ruhestand aus. Mehr Zeit für sich und mehr Zeit füreinander, das muss sich doch eigentlich positiv auf die Gemeinsamkeit auswirken. Man kann schließlich viel entspannter miteinander umgehen. Dem steht allerdings eine andere Lebenserfahrung gegenüber: das ungewohnte permanente Zusammensein in Verbindung mit der räumlichen Dichte. Die neuen Freiräume beinhalten unerwartete Konfliktpotentiale.

Die Hoffnung auf die große soziale Harmonie im Ruhestand erfüllt sich nicht von selbst. Ganz im Gegenteil: Die Partnerschaftsbeziehungen werden auf eine harte Probe gestellt. Man hat jetzt plötzlich den Partner »Tag und Nacht um sich rum«. Bei gemeinsamen Unternehmungen darf man jetzt »nicht immer nur dasselbe« und vor allem nicht mehr »nach Terminplan« tun. Man muss sich Gedanken um mehr Abwechslung machen. *Aus der Partnerschaftsbeziehung wird Beziehungsarbeit*, weil man sich intensiver um den Partner kümmern muss. Die Frage ist ernst gemeint: »Was mache ich nur, ohne meine Frau zu nerven?«

Andererseits muss auch gesagt werden: Die neue Lebenssituation kann sich in Teilbereichen durchaus positiv auf die Partnerschaft auswirken, weil der inaktivere Partner durch den Aktiveren motiviert und mitgerissen wird. *Der Partner wird zur Energiequelle.* Manche stellen plötzlich fest, dass sie ein Leben lang fast nur eine Wochenendehe geführt haben. Jetzt haben sie plötzlich mehr Zeit füreinander: »Wir verstehen uns jetzt erstaunlich gut.«

Die Familie entwickelt sich zur wichtigsten *Lebensversicherung im Alter*. Sie trägt in dreifacher Hinsicht zur Lebenszufriedenheit und Lebenserfüllung bei:

- Die Familie gibt das Gefühl, noch *gebraucht* zu werden.
- Die Familie bringt *Abwechslung* in das Leben.
- Die Familie gibt das Gefühl, *nicht allein* dazustehen.

Die Familie wirkt als Therapeutikum gegen Gefühle von Einsamkeit, Langeweile und Nutzlosigkeit. Andere in der Öffentlichkeit mehr im Vordergrund stehende Gesichtspunkte wie beispielsweise Krankenpflege oder materielle Unterstützung erscheinen dagegen beinahe zweitrangig. Solche familiären Leistungen gibt es – »wenn nötig«, wenn es also die (Not-) Situation erfordert.

Existentiell viel bedeutsamer ist der psychosoziale Rückhalt, den die Familie auf Dauer gibt. Sie ist nicht nur eine gut funktionierende Notgemeinschaft. Die Familie stellt vielmehr eine Lebensbegleiterin dar, die gleichzeitig *fordert und fördert*. Die Familie sorgt z. B. dafür,

- dass Achtzigjährige nicht nur gepflegt, sondern auch gebraucht werden,
- dass sie um Rat gefragt und bei wichtigen Entscheidungen beteiligt werden und
- dass sie gelegentlich mit noch so kleinen Gefälligkeiten helfen und aushelfen können.

Die Familie wirkt stabilisierend und identitätsstiftend.

Im Zeitvergleich der letzten Jahrzehnte ist feststellbar, *wie wichtig der Rückhalt der Familie im Alter ist*, welchen Bedeutungszuwachs das Zusammensein mit Freunden inzwischen erfahren hat und wie bereichernd die Weiterentwicklung eigener Interessen und die Ausübung von Hobbys sind. Über die materielle Absicherung hinaus erweist sich die *mentale und soziale Altersvorsorge* als unverzichtbar. Der Verlust von Familie oder Freunden lässt sich im Alter durch Geld nicht mehr ausgleichen.

Es gibt bislang keinerlei Hinweise, dass die Bereitschaft zum solidarischen Verhalten innerhalb der Familie geringer wird *(9)*. Nur: Wenn es in Zukunft weniger Kinder und weniger familiäre Bindungen gibt, dann muss zwangsläufig auch das *Solidaritätspotential von Familien geringer* werden. Die bisher bewährte Unterstützung des familialen Netzes muss dann vermehrt durch andere Leistungen ersetzt werden. Unverkennbar ist allerdings auch: Die Familie leistet viel, kann aber in der Wunschvorstellung der Ruheständler nicht genug leisten. Wunsch und Wirklichkeit sind – wie vielfach im Leben – nicht deckungsgleich. Dies mag im Einzelfall durchaus zu Unzufriedenheit führen, sorgt aber auch für Spannung im Alltag und lässt wenig Raum für Lethargie und Apathie.

Zuhause sein im Vertrauten

Der 11. September 2001 hat einen tiefen Einschnitt im Bewusstseinshaushalt vieler Menschen bewirkt. Aus so genannten *Vorher-Nachher-Studien zum 11. September* geht hervor: Die Menschen reagieren auf zweifache Weise *(10)*:

- Zunächst einmal denkt jeder an sein ganz *persönliches Glück*: Das Leben heute und nicht erst morgen genießen und einfach glücklich sein. Diese Art von Lebensfreude ist allerdings weniger von materialistischen Erwägungen abhängig: »Dass ich viel Geld habe, reich werde« hat nur eine marginale Bedeutung im Vergleich zu dem Wunsch »Dass ich glücklich bin«. Lebensglück und Lebenssinn werden stärker als Einheit gesehen.

- Die zweite Reaktion deutet auf einen grundlegenden Einstellungswandel hin. Seit den frühen siebziger Jahren hatten *soziale Motive* im Leben permanent an Bedeutung verloren. Im Zeitvergleich vor und nach dem 11. September ist nun plötzlich feststellbar, dass sich die Menschen wieder mehr für eine bessere Gesellschaft interessieren und sich dafür auch einsetzen wollen. Jetzt wollen sie *mithelfen, eine bessere Gesellschaft zu schaffen.*

Erfahrungsgemäß nimmt in unruhigen Zeiten der Wunsch nach Ruhe und Geborgenheit zu. Im Zeitvergleich der letzten Jahre ist beispielsweise feststellbar: Die Bürger richten sich auf eine neue Häuslichkeit ein, auf das Zuhausesein im Vertrauten. Immer mehr besinnen sich auf die *Familie und die eigenen vier Wände* als Horte der Stabilität: »Sich mit der Familie beschäftigen« rückt wieder in den Mittelpunkt des Alltagslebens. Die Menschen wollen mit der Welt ins Reine kommen und gehen auf die *Suche nach dem inneren Frieden.* Das kann ein Rückzug in die Familie und auch eine Neubesinnung auf das Beständige sein, was dem Leben einen Sinn gibt.

Mehr Ernsthaftigkeit als Oberflächlichkeit, mehr Ruhe als Betriebsamkeit – das Privatleben wird wieder wichtiger. Zur Ruhe kommen, in Ruhe gelassen werden und sich in Ruhe pflegen deuten auf einen Einstellungswandel hin, der Wohnen und Wohnumfeld stärker in das Zentrum der persönlichen Lebensqualität rückt. Wie könnte der Wunsch nach mehr Familienorientierung Alltag und Leben verändern, wenn sich dieser Einstellungswandel stabilisiert?

- Die *Familie* wird dann wieder mehr zum sozialen Lebensmittelpunkt. Zusammensein und Zusammenleben in und mit der Familie werden bewusst gesucht. Man nimmt sich mehr Zeit füreinander.

- Das *Miteinander-Reden und -Diskutieren, -Unterhalten und -Erzählen* sowie ernsthafte Gespräche und Aussprachen gewinnen an Bedeutung – im Kreis der Familie und Freunde. Die »schönen Abende« zählen; private Einladungen und Besuche nehmen zu.
- Die *Entspannung* wird zu einem zentralen Lebensbedürfnis. Ungestört und stressfrei werden Feierabend und Wochenende erlebt und Musikhören und Lesen als beruhigende Beschäftigungen wieder entdeckt.
- Die *Wohnung* vermittelt ein neues Nähe-, Nest- und Heimatgefühl: »Hier bin ich zu Hause« und »Hier fühle ich mich geborgen«. Es wird Wert auf Gemütlichkeit und behagliche Atmosphäre gelegt – durchaus als Gegenbewegung und Kontrast zu Lifestyle, Mainstream und Postmoderne. Die Wohnung kann Boxenstopp und Rückzugsnische zugleich sein, die den Alltagsstress und -lärm von draußen abschirmt.
- Familienorientierung und Wohnatmosphäre ersetzen zunehmend Prestige- und Statussymbole. Im Zentrum steht stärker das eigene *Wohlgefühl* zwischen Wellness und Wohlbefinden, Entspannungswochenenden und Schönheitskuren, Wohlfühlprogrammen und Gesundheitstourismus.
- Der Rückzug ins Private hat allerdings auch seine *sozialen Schattenseiten*. Wenn die Wohnung als Ankerplatz für das Ich und als Naherholungsgebiet für die Familie das Rückzugs- und Separierungsbedürfnis zu sehr betont und zur Isolierzelle wird, kommt die Kommunikation nach draußen und im sozialen Umfeld zu kurz.

Familiennähe durch gelebte Kontakte

Beim Blick in die Zukunft der Familie und ihrer sozialen Netzwerke schwanken die Expertenmeinungen zwischen Katastrophenszenarien und leuchtenden Farben einer neuen Lebensform von Geschlechtern und Generationen, deren Gestalt sich im Lebensverlauf immer wieder verändert und dennoch sozial miteinander verbunden bleibt. Die Familie ist in den letzten Jahrzehnten der *Verursacher* des demografischen Wandels gewesen, also könnte sie in Zukunft auch ihr *Veränderer* sein.

Das fängt schon beim Verständnis und der Definition des Begriffs Familie an. Der enge (traditionelle) Familienbegriff – verstanden als alle in einer *Haushaltsgemeinschaft von Eltern mit ihren Kindern* lebenden Menschen – ist überholt. Eine solche Verengung auf den Begriff der Haushaltsgemeinschaft verstellt den Blick auf die vielfältigen Kontakte und Beziehungen der Familienmitglieder im sozialen Umfeld. Familienbeziehungen werden reduziert auf eine Art Übergangsphase, die mit dem Auszug der Kinder aus dem gemeinsamen Haushalt scheinbar beendet ist. In Wirklichkeit beginnt doch erst jetzt ein *differenziertes Beziehungsnetz von regelmäßigen Kontakten und Besuchen* sowie gegenseitiger Unterstützung und Hilfe. Ein solches familiales Netzwerk wird aus gelebten sozialen Beziehungen geknüpft – als Drei-, Vier- oder gar Fünfgenerationenfamilie.

Im 21. Jahrhundert gilt für das Zusammenleben der Grundsatz: *Mehr Nähe als Distanz*, wobei Nähe eher *gute Erreichbarkeit* als unmittelbare Wohnungsnähe bedeutet. Innerhalb einer *Zwei-Stunden-Distanz* sind die meisten Kinder und Eltern heute erreichbar. Eine bemerkenswerte Ortsnähe. Für das 21. Jahrhundert war eigentlich ein »Neunomadentum« *(11)* vorausgesagt worden – eine neue Ortlosigkeit zwischen Überall und Nirgendwo, in der die Menschen durch ihr Leben driften und zappen wie bisher durch die Fernsehkanäle. In Wirklichkeit *praktizieren die Menschen Familiennähe, wo und wie sie nur können.* Sie halten wenig von amerikanischen Verhältnissen: Die Verweildauer an einem Wohnort liegt in den USA nur mehr bei fünf Jahren. Der amerikanische Traum, zu gehen, wann und wohin man will, stößt in Deutschland auf wenig Gegenliebe. Familiäre Beziehungen können nicht wachsen und intensiviert werden, wenn man – fast wurzellos – ständig umgepflanzt wird.

Gelebte Kontakte: Auf diesen Nenner lässt sich das familiäre Beziehungsnetz bringen – auch unabhängig von der räumlichen Entfernung. Das *Telefonnetz* bildet dabei die wichtigste Kontaktbrücke: Das Telefon in den Familien steht selten still: Zwei Drittel der Bevölkerung telefonieren mehrmals im Monat oder in der Woche mit ihrer Familie. Den intensiveren telefonischen Kontakt in der Woche pflegen die Frauen. Das Telefon wird zur Nabelschnur und lässt die Familienbeziehungen nicht abreißen. Über den fernmündlichen Kontakt hinaus sorgen regelmäßige *Besuche* für eine Intensivierung der Familienbeziehungen.

Vor dem Hintergrund der demografischen Entwicklung werden die *Pflegeleistungen in Familien immer wichtiger*, denn die Pflegebedürftigkeit nimmt mit steigendem Alter zu: Die Motive für solche Hilfeleistungen sind vielfältig *(12)*. Dazu gehören:

- *Zuneigungsmotive*
  (»Wen ich von meinen Angehörigen mag, dem helfe ich auch«).
- *Verpflichtungsmotive*
  (»Ich habe einfach die Pflicht, meinen Angehörigen zu helfen«).
- *Austauschmotive*
  (»Wenn ich meinen Angehörigen helfe, kann ich auch von ihnen Hilfe erwarten«).

In der Alltagsrealität wird wohl eine Kombination der Motive mit individuellen Schwerpunktsetzungen zum Zuge kommen.

Die *idyllische Großfamilie früher* hat sich als Legende erwiesen, so wie die *isolierte Kleinfamilie heute* gleichfalls ein Mythos ist. Als Hauptursache für diese Fehleinschätzung gilt die Tatsache, dass jahrzehntelang die amtliche Statistik die einzige Quelle war, die sich auf objektiv messbare Daten konzentrierte und nicht zwischen Haushalts- und Familienstrukturen unterschied. Wenn z.B. Kinder, Eltern oder Großeltern nicht im gleichen Haushalt lebten, wurden sie statistisch auch nicht als Familie gezählt. Dies erklärt, warum permanent die Krise und der Untergang der Familie prognostiziert werden *(13)*.

Die moderne Familienforschung hat mittlerweile die verborgenen familiären Beziehungen aufgespürt und die gelebten Beziehungen wieder entdeckt: *Multilokale Generationenbeziehungen* und *Familien als soziale Netzwerke*. Gerade Familien teilen mehr Erfahrungen miteinander als jede andere gesellschaftliche Institution *(14)*. Aus dem gemeinsam Erlebten erwächst auch das Gefühl der Verantwortlichkeit, das – anders als im institutionellen Bereich – jederzeit ohne Vorbedingungen aktiviert werden kann. Die Familie ist heute mehr eine gelebte Beziehung als eine räumliche Wohngemeinschaft. Enkel, Kinder, Eltern und Großeltern verstehen sich als Familienmitglieder, auch wenn sie nicht unter einem gemeinsamen Dach leben. Subjektiv gesehen bleiben sie – ein Leben lang – Familienmitglieder.

Perspektive für die Zukunft: Für *Eltern* kommt es immer mehr darauf an, Herzens- und Vertrauensbildung vorzuleben, sichere Bindungen zwischen den Generationen aufzubauen und Kinder zu langfristigen Beziehungen und dauerhaften Bindungen zu ermutigen. *Großeltern* dagegen sollten großzügig abgeben und loslassen können, ohne sich selbst aufzugeben oder gar abzuschaffen. Sie sollten sich soziale Lebensaufgaben suchen und ihre gemachten Generationserfahrungen – das können auch Ideale sein – weitergeben. Sie können es sich schließlich leisten, ihren Kindern und Enkeln etwas vorzugeben (ohne gleich zurückzufordern) und auch nachzugeben, weil sie mehr als andere für andere da sein wollen.

Eltern und Großeltern sollen nach dem Moses-Prinzip leben, also ihren Kindern und Enkeln im Leben vorangehen, Weichen stellen und Wege ebnen, identitätsstiftend wirken und ihren Nachkommen Mut machen, sich nicht aus der Verantwortung stehlen, um das Auseinanderdriften der Gesellschaft zu verhindern.

Das vierte Gebot

des 21. Jahrhunderts

Knüpf dir ein verlässliches soziales Netz, damit dich Freunde und Nachbarn als soziale Konvois ein Leben lang begleiten können.

Wie durch Adoption: Leben in Wahlfamilien

Im 2. Jahrhundert n. Chr. hatten einzelne Adlige Angehörige eines anderen Adelsgeschlechts adoptiert, um so den Fortbestand der Familie und des Adelsgeschlechts zu sichern. Römische Kaiser von Trajan bis Mark Aurel gelangten auf dem Weg über die Adoption zur Herrschaft. Auch im 21. Jahrhundert entstehen durch Wohngemeinschaften und eine Art Adoption neue Wahlfamilien. Enkel-, Kinder- und Familienlose werden wie durch Adoption in *Wahlfamilien und Wahlverwandtschaften* aufgenommen.

Wie in früheren Jahrhunderten lebt der *Gedanke des ganzen Hauses* wieder auf, weil die Menschen aufeinander angewiesen bleiben und sich mehr selber helfen müssen. Was der Kulturhistoriker Wilhelm Heinrich von Riehl (1823–1898) vor über einhundertfünfzig Jahren in seinem Grundlagenwerk über »Die Familie« (1855) als Zukunftsidee prognostizierte, wird bald Wirklichkeit: In wirtschaftlich und gesellschaftlich schwierigen Zeiten *lebt die Genossenschaftsidee wieder auf*. Gleichzeitig wird der Familienbegriff um den Gedanken des ganzen Hauses erweitert. Im ganzen Haus haben in Zukunft wieder alle Platz und werden in die Haus- und Wohngemeinschaft aufgenommen. So könnten alle ein selbstbestimmtes Leben führen – aber nicht allein. *Gemeinsam statt einsam heißt das Wohnkonzept der Zukunft*: Mehr Generationenhaus und Baugemeinschaft als Heimplatz und betreutes Wohnen.

Das Wohnangebot wird in Zukunft für den Zusammenhalt mehrerer Generationen sowie für *nichtfamiliale Netzwerke* (einschließlich Nachbarschaften) förderlich sein müssen. Lebensgemeinschaft wird neu definiert: *Soziale Konvois und Wahlverwandtschaften werden als lebenslange Begleiter immer wichtiger.* Die Zukunft gehört Wohngruppen und Haushaltsgemeinschaften (WGs) mit familienähnlichen Strukturen und eigenen Haushalten. Das Selbstbestimmungsprinzip bleibt so gewahrt und das Leben und die Versorgung im gewohnten Wohnumfeld auch. Die Alternative zu »abgezockt und totgepflegt« *(1)* lautet dann eher: *sich lebenslang gut versorgt fühlen.* Die positiven Erfahrungen in den skandinavischen Ländern (Schweden, Norwegen, Finnland, Dänemark) beweisen, dass ein Land fast ohne Heime auskommt: *Schafft die Altersheime ab!* Oder *So wenig Heime wie möglich* – das ist auch für Deutschland eine realistische und keine utopische Zukunftsforderung. Schließlich hat es nachweislich in der gesamten Menschheitsgeschichte bis zum Beginn des 19. Jahrhunderts kaum Heime gegeben, weil Arbeiten, Wohnen und das Lösen sozialer Probleme in »einer« Hausgemeinschaft bzw. im ganzen Haus zusammengehörten *(2)*. Und das nicht nur vereinzelt in der so genannten Großfamilie, sondern in der Regel mit Unterstützung und Hilfe der Nachbarschaft.

Die Wiederentdeckung und Pflege von Hausgemeinschaften und Nachbarschaftshilfen wird die große soziale Aufgabe des 21. Jahrhunderts sein. Flächendeckende Heimversorgung und »betreutes Wohnen« (in den siebziger Jahren nur für Behinderte eingeführt) werden bald der Vergangenheit angehören, weil sie dann durch den Selbsthilfegedanken und die Nachbarschaftsmentalität abgelöst werden.

Ein *Comeback der guten Nachbarn* steht bevor. Die Städter entdecken die lebendige Nachbarschaft als Netzwerk wieder. Institutionelle Hilfeleistungen durch Behörden, Vereine und Verbände haben im Alltagsleben der Bevölkerung eine viel geringere Bedeutung als die spontane Hilfsbereitschaft in den eigenen vier Wänden, vor der Haustür oder um die Ecke.

Dies deckt sich mit Erkenntnissen der modernen Sozialforschung, wonach *Binnensolidaritäten immer bedeutsamer* werden – auch und gerade in Randgruppenmilieus. Solche Gruppierungen zeichnen sich durch ein kompliziertes Netzwerk der selbstgeknüpften Nischen aus *(3)*. Statt nur von außen sozialpolitisch betreut zu werden, sorgen Binnensolidaritäten für *Gefühle der Gemeinsamkeit* und damit für den notwendigen sozialen Zusammenhalt. Der Einzelne übernimmt hierbei Verantwortung für andere – für Mitglieder der Familie, des Freundeskreises oder der Nachbarschaft, statt die Verantwortung wie einen Wanderpokal einfach an den Staat weiterzureichen.

Gemeinschaft auf Gegenseitigkeit

Die Bereitschaft der Bevölkerung zur Gemeinschaft auf Gegenseitigkeit ist groß und vielfältig. Die Bürger haben ganz konkrete Vorstellungen, in welchen Bereichen sie sich engagieren wollen. Im Einzelnen sind dies:

- Betreuung von alten Menschen
- Betreuung von Kinderspielplätzen
- Soziale Fahrdienste, z. B. Essen auf Rädern

- Lotsendienste, z.B. Begleitung von Patienten zu Therapien
- Telefondienste für Tagesmüttervereine

Und das alles auf freiwilliger Basis und ohne Zwang.

Jede Woche wenden die Bürger mehr Zeit für unbezahlte Arbeiten auf als für die Erwerbsarbeit *(4)*. Zur unbezahlten Arbeit zählen:

- *Pflege und Betreuung von Kindern und Erwachsenen* (Kinderbetreuung, Betreuung von Pflegebedürftigen, Fahrdienste, Wegezeiten).
- *Hauswirtschaftliche Tätigkeiten* (Essenszubereitung, Wohnungsreinigung, Wäschepflege, Einkaufen, Behördengänge, Organisation, Wegezeiten).
- *Handwerkliche Tätigkeiten* (Bauen, Renovieren, Herstellung und Reparatur von Verbrauchsgütern, Fahrzeugreparatur, -pflege).
- *Soziale Hilfeleistungen und ehrenamtliche Tätigkeiten.*

Würden diese unbezahlten Arbeiten entlohnt, entspräche das Arbeitsvolumen einem volkswirtschaftlichen Wert von 1,0 bis 1,4 Billionen Euro und läge damit höher als die Lohn- und Gehaltssumme (z. B. in Westdeutschland bei 0,6 Billionen Euro). Rund ums Jahr – an Wochenenden genauso wie an Feiertagen und in den Ferien – arbeiten die Bundesbürger täglich durchschnittlich etwa vier Stunden ohne Bezahlung.

Die 1951 mit Sitz in Lünen-Brambauer gegründete Glückauf Wohnungsbaugesellschaft hat Erfahrungen mit einer neuen Form gelebter Nachbarschaft gesammelt: Neben gezielten Freizeitangeboten wurde ein eigener *Nachbarschaftshilfe e.V.* gegründet. Bewohner zahlen einen einmaligen Aufnahmebetrag, bekommen dafür einen *Mitgliederausweis* sowie ein *Bonusheft* mit einem persönlichen

Punktekonto. Der Verein vermittelt Hilfen zwischen den Mitgliedern, sodass auch jeder, der anderen helfen will, jemanden findet, dem er helfen kann – und umgekehrt. Damit diese Form der organisierten Nachbarschaftshilfe auch wirklich funktioniert, wurde ein *Leistungskatalog* entwickelt, der die wichtigsten Hilfsangebote nach einem Punktesystem bewertet. Es besteht die Möglichkeit, Punkte anzusparen und dem Punktekonto gutzuschreiben, um dann je nach Bedarf Hilfsangebote jederzeit abrufen zu können.

Die *Idee der Zeitwährung* geht von der Möglichkeit aus, im Laufe eines Lebens so genannte *Zeitbanken* einzurichten, in denen gleichsam die »sieben fetten Jahre« eingelagert werden, um sie dann während der folgenden »sieben mageren Jahre« wieder zu entnehmen. Zeitreiche und zeitarme Lebensphasen lösen sich ab. Was langfristig angespart wird, kann dann später je nach Bedarf abgerufen werden – ohne schlechtes Gewissen und ohne den Gedanken, auf Almosen angewiesen zu sein.

Haus der Zukunftsvorsorge

Drei Fragen an die Zukunft bewegen die Menschen derzeit in ihrer persönlichen Lebensplanung und Altersvorsorge:

- Erstens: Ist meine Rente wirklich sicher, um im Alter Not und Armut zu vermeiden (*Armutsvermeidung*)?
- Zweitens: Reicht meine private Zusatzversorgung aus, um den eigenen Lebensstandard aufrechtzuerhalten (*Lebensstandarderhaltung*)?
- Drittens: Welche soziale Zukunftsvorsorge muss ich bereits heute treffen, um meine Lebensqualität bis ins hohe Alter zu sichern (*Lebensqualitätssicherung*)?

Eine verlässliche Altersversorgung gleicht einem stabilen *Haus der Zukunftsvorsorge*, das auf den drei Säulen Armutsvermeidung, Lebensstandarderhaltung und Lebensqualitätssicherung steht. Keine Säule ist durch eine andere ersetzbar und austauschbar. Die Rente kann allenfalls eine Basissicherung im Sinn von Existenzsicherung sein. Die private Zusatzversorgung garantiert eine weitgehende Beibehaltung des bisherigen konsumintensiven Lebensstils im Umfeld von Hobby, Sport, Urlaubsreise und Erlebniskonsum. Die beständigste und nachhaltigste Alterssicherung aber ist die *Lebensqualitätssicherung*: Dazu gehören in erster Linie Familie und Freunde – und weniger Geld und Konsummöglichkeiten. Neben der eigenen Gesundheit als stabilem Fundament des Lebens stellen die sozialen Bezüge »die« zentralen Indikatoren für Lebensqualität dar.

Davon profitieren primär Generationen mit familialen Netzwerken. Alle anderen (insbesondere Singles und Kinderlose) müssen schauen, dass sie im Laufe ihres Lebens verlässliche nichtverwandte soziale Netze knüpfen. Zusätzlich begleiten näher und ferner stehende Menschen das Leben des Einzelnen: so genannte *soziale Konvois im außerfamilialen Bereich*. »Gute Freunde« reichen dazu allein aber nicht aus, weil sie meist gleichaltrig sind und ihre Zahl im Alter zurückgeht. Soziale Konvois sind nur hilfreich, wenn sie generationsübergreifend angelegt sind.

Der bisher in Wirtschaft und Politik verwendete Altersvorsorgebegriff greift viel zu kurz und gibt sich der Illusion eines lebenslangen Wohlbefindens hin, statt in gleicher Weise auf die soziale Versorgungslücke durch das Fehlen von Kindern, Enkeln und jüngeren Freunden aufmerksam zu machen. Kapitalbildung kann doch kein Ersatz für Kontaktpflege sein. *Investitionen in das soziale Umfeld* sind mindestens so wichtig wie materielle Investitionen, was künftige Immobilien-Trends zu Service- oder Club-Wohnen verstärkt und mehr als nur hochpreisiges Wohnen mit »sozialem

Touch« bedeutet. Über die materielle Absicherung hinaus erweist sich die *soziale Altersvorsorge* als unverzichtbare Investition in die Zukunft. Der Verlust von Familie oder Freunden lässt sich im Alter durch Geld nicht mehr ausgleichen.

Pflege des Freundeskreises

Neben die Familie gesellt sich als wichtigste Zukunftsinvestition für das Alter die Pflege des Freundeskreises. Freundeskreis und Familie werden gleich hoch bewertet. Der Freundeskreis hat in den letzten Jahren deutlich an sozialer Bedeutung gewonnen. Die Menschen pflegen systematisch den Kontakt mit Freunden – nicht nur aus Freude am geselligen Leben, sondern auch und gerade mit dem Gedanken, dadurch etwas Dauerhaftes für das ganze Leben zu schaffen, was sich im Alter vielleicht sogar »auszahlt« bzw. »rechnet«. Bei aller Freundschaft *spielen rationale Erwägungen eine nicht unbedeutende Rolle.* Die größte Bedeutung hat der Freundeskreis für kinderlose Paare.

Die systematische Pflege der Kontakte zu Familie, Freunden und Vereinen sowie die Fähigkeit, sich selber zu beschäftigen, werden die wichtigsten *mentalen und sozialen Vorsorgemaßnahmen* für das Alter sein. Dies stimmt mit den Erkenntnissen der Enquête-Kommission des Deutschen Bundestages überein, wonach die älteren Menschen in Zukunft mehr als bisher kompetent und in der Lage sein müssen, sich eigenständig soziale Netze aufzubauen. Vor dem gesellschaftlichen Hintergrund schrumpfender familialer Netze nehmen auch die Verwandtschaftshilfen (z. B. im handwerklichen Bereich) ab. Die Menschen müssen daher in Zukunft frühzeitig Do-it-yourself-Kompetenzen erwerben, weil andernfalls handwerkliche Dienstleistungen nur professionell erbracht werden können bzw. gegen Bezahlung eingekauft werden müssen. Es wird daher unerlässlich sein, das natürliche Hilfspotential zu aktivieren, damit *Freunde als freiwillige Helfer* gewonnen werden können *(5)*. Andernfalls bleibt man allein bzw. alleingelassen.

Sorgenfrei im Alter? Bei der Beantwortung dieser Frage bewegen sich die Gedanken vieler Bürger bisher eher zwischen sicherer Rente, Lebens-, Kranken- oder Bürgerversicherung. Hingegen hat sich gut ein Drittel der Bevölkerung über eine soziale Zukunftsvorsorge zwischen Familie, Freunden und Verein noch keine Gedanken gemacht. In der öffentlichen Diskussion spielen soziale Aspekte der alternden Gesellschaft nur eine marginale Rolle, weil Finanzierungsfragen im Zentrum stehen. Erst wenn der Geldfaktor der Altersvorsorge ausdiskutiert ist und – positive wie negative – Lösungsansätze und Entscheidungen anstehen, werden viele Bürger spüren, dass sie *bei ihrer Lebensplanung die soziale Komponente vergessen* haben.

Sorgen sind ein wichtiger Bestandteil aktiv gelebter Beziehungen zwischen den Generationen. Ihre subjektive Wahrnehmung zeugt von nachhaltigen Beziehungen. Wer sich hingegen innerlich von den Angehörigen der anderen Generation verabschiedet, muss sich um sie auch keine Sorgen mehr machen, und sie bereiten auch keinen Kummer mehr *(6)*. Die Generationensorge löst solidarisches Handeln aus: Helfenkönnen geht mit *positiven Gefühlen* einher. Andererseits *belasten* solche Sorgen auch (z.B. bei schwerer Krankheit).

In einer Zeit, in der die Flexibilität regiert und Menschen auseinanderzudriften drohen, weil Gesellschaft, Politik und Wirtschaft fast nur auf das Kurzfristige ausgerichtet sind, hat *der längerfristige Aspekt von Sorge, Treue und sozialer Verpflichtung* einen schweren Stand. Aus der Flüchtigkeit von Beziehungen entwickelt sich nur selten echtes Mitgefühl. Der Soziologe Richard Sennett befürchtet daher, dass die heranwachsende Generation ethisch und emotional zu Driftern werden kann, weil die Angst vor Abhängigkeit so groß ist. Eine Gesellschaft, die Menschen keinen tiefen Grund gibt, sich umeinander zu kümmern *(7)*, ist langfristig in ihrer sozialen Stabilität gefährdet.

Die Wirklichkeit in Deutschland sieht zum Glück ein wenig anders aus. Jeder dritte Bundesbürger macht sich derzeit große Sorgen um Familienmitglieder, Freunde, Nachbarn und Kollegen. Großen Kummer bereiten die eigenen Kinder, die Eltern, die Großeltern sowie die Enkel. Dabei bleiben die Sorgen nicht auf die Familie beschränkt. *Auch Freunde, Kollegen und Nachbarn geben Anlass zur Sorge.* Von einer »kühlen Gesellschaft« *(8)*, deren zwischenmenschliche Beziehungen fast nur Probleme bereiten und die nicht in der Lage ist, Nähe zu den Mitmenschen zu schaffen und tragfähige Bindungen aufzubauen, kann nicht die Rede sein. Die zum Ausdruck gebrachte *Sorge um andere* sagt viel zum sozialen Zusammenhalt aus und deutet gerade nicht auf schwache Beziehungen und Bindungen hin. Das Gefühl der Sorge lässt eher auf positive Erfahrungen von Nähe und menschlicher Wärme und Anteilnahme schließen. Solange sich Jugendliche um Großeltern sorgen und Großeltern um Enkel kümmern, lebt der Generationenvertrag als intensive Generationenbeziehung weiter.

Das soziale Netz der Zukunft

Gestützt und unterstützt wird die neue Generationensolidarität durch das soziale Netzwerk von Freunden, Bekannten und Nachbarn auf der Basis von Freundschaft und Hilfsbereitschaft. Mit zunehmendem Alter werden vor allem die Nachbarn im unmittelbaren Wohnumfeld bedeutsam. Sie ermöglichen eine *Hilfsbereitschaft der kurzen Wege.* Die Erkenntnis setzt sich durch: Der Solidarische muss nicht mehr der Dumme sein.

Die Bürger distanzieren sich zunehmend von der »Egoismus-Falle« *(9)*, von der Ideologie des aufgeblähten Selbst und den »wir-losen Ichlingen«. Das Ego reicht als Sinnquelle des Lebens nicht mehr aus. Die Nabelschnur wird wieder wichtiger als die Nabelschau. Deutlich geht dies aus den Antworten auf die Frage hervor, was in Zukunft wichtig und wertvoll sein soll: *Hilfsbereitschaft und Freundschaft stellen die persönlich wichtigsten Werte der Zukunft dar.*

Aus der jahrelangen Geringschätzung helfender Berufe (schlechte Bezahlung, schlechtes Image, keine Lobby) im Sozial- und Erziehungsbereich, in dem der Dienst am Nächsten beinahe zur ehrenamtlichen Frauensache wurde, erklärt sich das inzwischen von immer mehr Menschen empfundene Defizit im mitmenschlichen Umgang. *Hilfsbereitschaft* (z. B. in der Familienhilfe und Altenpflege) kann nicht mehr länger nur den Profis überlassen bleiben. Ohne die Bereitschaft, anderen helfen zu wollen, kann es auch keine Qualität der sozialen Beziehungen im Alltag geben. *Freundschaft* stellt eine wertvolle Beziehung dar, die man nur mit ganz wenigen Menschen haben kann, weil sie auf gemeinsamen Interessen und Erfahrungen beruht und gegenseitiges Vertrauen und Verstehen beinhaltet. Natürlich sind Freunde im Notfall auch dann zur Stelle, wenn man sie braucht. Freundschaften behalten ihre Bedeutung bis ins hohe Alter.

Für die Zukunft gilt: Die Karten des Lebens werden neu gemischt. Der Ruhestand, eine Errungenschaft der Neuzeit und der Industriegesellschaft, überlebt sich im 21. Jahrhundert und wird durch die *nachberufliche Lebensphase* abgelöst. Der Übergang aus der Erwerbstätigkeit verlagert sich in eine immer frühere Lebensphase, während gleichzeitig die Lebenserwartung zunimmt. Dafür gibt es keine historischen Rollenvorbilder.

Die Beziehungen zwischen Jung und Alt werden deshalb auf eine harte Probe gestellt, können aber auch eine große Zukunftschance sein. Wegen der geringen Geburtenquote *gehen den Kindern und Jugendlichen die gleichaltrigen Freunde verloren.* Die Sozialisation in der Peer-group verliert im gleichen Maß an Bedeutung, wie die Kontaktsuche der Jüngeren zu Älteren zunimmt. Noch nie in der Geschichte der Menschheit hatte die Jugend die Chance, so viele Ältere kennen zu lernen, sich mit ihnen anzufreunden, von ihnen zu lernen und gemeinsame Interessen zu teilen. Die Erwachsenenkultur (und immer weniger die eigene Jugendkultur) wird zum Leitbild für die jüngere Generation, sodass auch der *Vorbildcharakter der Erwachsenen* wieder ein stärkeres Gewicht bekommt. Wie nie zuvor können Jugendliche dann im Berufs- und Privatleben zwischen verschiedenen Partnern oder Paten aus der Erwachsenenwelt wählen.

Soziale Konvois

Der Freundeskreis wird zur zweiten Familie. Beinahe drei Viertel der Bevölkerung leisten regelmäßig Freundschaftsdienste – von der Kinderbetreuung über die Wohnungsrenovierung bis zur Hilfe beim Hausbau. Und mehr als jeder fünfte Bundesbürger ist zur Stelle, wenn die Freunde in Not sind oder Hilfe bei persönlichen oder familiären Problemen brauchen.

> Freunde fungieren als soziale Konvois, die uns ein Leben lang als Weggefährten begleiten – durchaus der Mosaischen Wege-Symbolik vergleichbar: Wer in der Zukunft ankommen will, darf den langen Weg der Wüstenwanderung nicht scheuen. Hilfreiche Weggefährten machen den Lebensweg weniger beschwerlich. Soziale Konvois geben Sicherheit und vermitteln das Gefühl: Gemeinsam geht es weiter!

Die Bürger machen die Erfahrung des Aufeinander-Angewiesen-Seins – auch und gerade in der näheren Nachbarschaft: von der Urlaubsbetreuung des Hauses und der Haustiere über die Gartenarbeit bis hin zur Hilfe beim Umzug. *Die überwiegende Mehrheit der Bevölkerung leistet Nachbarschaftshilfen.* Solange sich Menschen umeinander kümmern und sorgen, lebt die Solidarität als Bürger-Selbsthilfe, ohne auf den Staat angewiesen zu sein. Ehrenamtliche Tätigkeiten haben nur mehr eine marginale Bedeutung im Verein, in Kirche und Gemeinde, in sozialen Institutionen oder in Parteien und Gewerkschaft. Gelebte Solidarität im Sinn von praktizierter Hilfeleistung findet bei der Bevölkerung stärker im Nahmilieu von Familie/Verwandten, Freunden/Bekannten und Nachbarn statt.

Das soziale Netz ist weit gespannt. Wenn es persönliche oder familiäre Probleme gibt, dann werden Hilfeleistungen für Verwandte, Freunde und Nachbarn erbracht. Alltäglich gepflegte Kontakte erweisen sich als tragfähige Brücke auf dem Weg zu einem stabilen sozialen Netz. Eine Politik, die zunehmend größeren Wert auf die Selbstverantwortung und Eigeninitiative legt, sollte daher mehr Anlässe und Gelegenheiten für *Hilfeleistungen in informellen Lebensbezügen* fördern. Hier wird niemand ›einverleibt‹ oder ›in die Pflicht‹ genommen. Die informelle Hilfeleistung ist freiwillig und zwanglos.

Institutionelle Hilfeleistungen haben aber im Alltagsleben der Bevölkerung eine viel geringere Bedeutung als die spontane Hilfsbereitschaft in den eigenen vier Wänden, vor der Haustür oder um die Ecke. In der Selbsthilfekultur setzen sich die Bürger ihre Sinnorientierungen selber. Sie belohnen sich selbst. Es macht ihnen Freude, anderen helfen zu können. Die Selbsthilfegesellschaft ist keine Utopie. Es gibt sie wirklich. Sie funktioniert im Nahmilieu. Der Staat bleibt dabei gefordert – aber mehr indirekt als aktivierender Förderer.

An sich selbst arbeiten – für andere tätig sein

Die berühmte Berliner Rede des ehemaligen Bundespräsidenten Roman Herzog vom 26. April 1997 (»Durch Deutschland muss ein Ruck gehen«) war seinerzeit verbunden mit aktivierenden Aufforderungen wie: *durchstehen, durchsetzen, handeln.* Sie wollte Mut zur Zukunftsgestaltung machen: *So soll es werden!* Erste Anzeichen deuten darauf hin, dass in der Bevölkerung ein Umdenken beginnt. Zukunft erscheint vielen wieder machbar. Immer mehr Bürger entwickeln sich zu *aktiven Realisten,* die ihre Eigenverantwortung ernst nehmen und von Untertanengeist wenig wissen wollen. Sie wollen wieder Akteure der Zukunft und kein Spielball der Politik mehr sein.

Sie besinnen sich auf *Bürgertugenden,* d.h. sie wollen sich gegenseitig mehr helfen und nicht alle sozialen Angelegenheiten einfach dem Staat überlassen. Sie bauen eigenständig soziale Netze auf und solidarisieren sich pragmatisch nach dem Prinzip: Ich helfe dir, damit auch mir geholfen wird. Ich-AG und Wir-Gesellschaft verbinden sich zu einer neuen Bürgerdemokratie, bei der sich der einst hierarchisch organisierte »Vater Staat« auf die Rolle des Förderers beschränkt und zunehmend auf die *Wirksamkeit bürgerschaftlicher Netzwerke mit Selbsthilfecharakter* (Attac, eBay, Greenpeace, Verbraucherberatung u. a.) vertraut.

Das Verständnis von Staat ändert sich grundlegend. Die Bürger nehmen *Abschied vom Obrigkeitsstaat* als Macher, Verteiler und Versorger. Das jahrzehntelang fast grenzenlose Vertrauen in eine Staatsform, bei der die politische Macht überwiegend von der Regierung ausgeht, ist erschüttert. Für den Schutz vor den Risiken des Lebens wie Krankheit, Alter und Pflegebedürftigkeit ist immer weniger der Staat und immer mehr der einzelne Bürger selbst verantwortlich. Im gleichen Maße, wie die Fürsorgeleistungen des Staates zurückgehen, nehmen die *Eigenleistungen der Bürger* zu. Sie wollen wieder aus eigener Kraft das erreichte Wohlstands- und Wohlfahrtsniveau halten. Das *Selbsthilfeprinzip* bürgert sich wieder ein: Hilf dir selbst, bevor der Staat dir hilft. Und meistere dein Leben aus eigener Kraft! Der Staat soll nur dafür Sorge tragen, dass die Bürger dazu auch in der Lage sind. Für ihre eigene Wohlfahrt sind die Bürger selbst verantwortlich.

Resümee: Jeder muss in seinem Leben die einseitig materielle Zukunftsvorsorge *um die soziale Komponente erweitern.* Dazu gehören fünf wertbeständige Investitionen in die Zukunft:

- Erhaltung und/oder Reaktivierung der Familienbindungen.
- Kontinuierliche Pflege der Freundschaftskontakte.
- Aktive Mitarbeit in generationsübergreifenden Initiativen, Clubs und Vereinen.
- Systematische Suche nach künftigen Gemeinsamkeiten (gemeinsame Hobbys, Interessengruppen, Gesprächskreise, Studienreisen).
- Aufbau eines privaten sozialen Netzes (Hilfe auf Gegenseitigkeit, Nachbarschaftshilfe/soziale Konvois).

Das sind die Marksteine auf dem Weg in ein langes gelingendes Leben.

Das fünfte Gebot

des 21. Jahrhunderts

Hilf anderen, damit auch dir geholfen wird.
Nur du allein kannst es, aber du kannst es nicht allein.

Mehr nach Gutem als nach Gütern streben

Der Schriftsteller Umberto Eco hat ein Szenario für das 21. Jahrhundert entworfen, in dem die Menschen mehr nach Gütern als nach Gutem streben und ein Ende der Ethik als Zukunftsvision möglich ist. Jahrhundertelang bestand jede Moraldoktrin darin, ein Verhaltensmodell zu lancieren, dem der Einzelne nacheifern sollte. Das konnte die Vorbildfunktion des Heiligen, des Helden oder des Weisen sein. Das Vorbild nachzuahmen ist dabei immer eine schwierige Lebenskunst gewesen. Heute dagegen, »wo das Fernsehen mehr und mehr dazu übergeht, ›normale‹ Menschen als Vorbilder zu präsentieren, ist keine Anstrengung mehr erforderlich, wie diese zu werden. Wir möchten wie sie werden, da ihnen die Gunst zuteilwurde, auf dem Bildschirm zu erscheinen« *(1)*. So stellen TV-Darsteller wirksamere (weil einfacher zu erreichende) Vorbilder dar als Mutter Teresa aus Kalkutta.

Der ehemalige Bundespräsident Richard von Weizsäcker hatte schon in den achtziger Jahren die Warnung ausgesprochen, unsere Demokratie »lebe geistig von den Restbeständen vormoderner

Werte und brauche diesen Vorrat allmählich auf« *(2)*. Eine *moralische Erneuerung* sei dringender denn je. Die westliche Welt habe die Auseinandersetzung mit Werten und ethischen Zielen in den letzten Jahrzehnten vernachlässigt.

Damit sind Ziele gemeint, die über Wohlstand und Wohlfahrt hinausgehen und sich auf Werte der Lebensqualität beziehen. Vielleicht verbirgt sich dahinter auch eine Art Zukunftsangst, der die Menschen in der westlichen Welt bisher aus dem Weg gegangen sind – die *Angst vor der nicht beantworteten Sinnfrage des Lebens*. Auf diese Weise braucht das Gewissen nicht belastet zu werden. Bis heute gilt, was der amerikanische Soziologe Riesman schon in den sechziger Jahren diagnostizierte: Es ist eine Überraschung, dass wir »auch im Wohlstand vor Problemen stehen, die nicht weniger gravierend sind als die früheren« *(3)*. Historisch gesehen hat sich in unserer westlichen Kultur viel bewegt und verändert – von Leibniz bis Einstein und von Walt Disney bis Warhol *(4)*. Nur: *Was bleibt? Was kommt? Und was ist beständig?* Wohlstand oder Wohlbefinden? Waren oder Werte?

Seit den siebziger Jahren des 20. Jahrhunderts leben wir in einem Zeitalter zwischen Werteskepsis und Werterelativismus, Werteverschiebung und Werteverfall. Vielleicht ist der Kampf um Werte nichts anderes als ein *verschleierter Kampf um Macht:* Dahinter stehen meist verborgene Interessen. Aus einer bestimmten Werteordnung oder Wertegemeinschaft sollen ganz persönliche, politische oder wirtschaftliche Vorteile gezogen werden: »Wenn Werte nicht objektiv, sondern *unsere* Werte sind, wer ist hier ›wir‹«? Und wer dominiert in einer Gesellschaft, wenn diese oder jene Werte obenan stehen?« *(5)*. Vielleicht sollte man weniger »eine« Leitkultur oder Wertegemeinschaft fordern als vielmehr *Leitorientierungen für Gemeinschaften mit gemeinsamen Wertschätzungen* fördern.

Der ehemalige Bundestagspräsident Wolfgang Thierse soll die europäischen Werte einmal als »dünne Luft« bezeichnet haben. In den offiziellen Dokumenten komme nämlich der Begriff der europäischen Wertegemeinschaft nicht vor. Und was europäische Werte eigentlich sind, das zu bestimmen bereitet in der Tat heute größte Schwierigkeiten: Gemeinschaft der Freiheit, der Menschenrechte, der Demokratie, der kulturellen Vielfalt oder der sozialverpflichteten Marktwirtschaft. Und sind diese Werte rechtlich überhaupt verbindlich, sodass sie jeder Bürger als Grundrechte regelrecht einklagen könnte?

Ende des moralischen Minimalismus

Eine Neubesinnung tut not. Machen wir uns bewusst: Zukunft ist Herkunft, Zukunft braucht Herkunft. Für unsere westliche Wertekultur stehen dafür bildhaft beispielsweise die Akropolis in Athen, das Kollosseum in Rom oder die Freiheitsstatue in New York – auch als Ausweg aus der gegenwärtigen Krise und als Wegweiser für eine neue Zukunft der westlichen Wertewelt. Erst die Rückbesinnung auf das traditionelle Gedankengut schärft den Blick für die Zukunft:

- *Athen* steht für den Übergang von der Adelsherrschaft zur *Demokratie,* für die Verfassungs- und Sozialreformen des Solon (594 v. Chr.) und für die demokratischen Grundrechte des Kleisthenes (510 v.Chr.). Symbol hierfür ist die Akropolis von Athen, »das« Weltkulturerbe.
- In *Rom*, der Hauptstadt des Römischen Reiches und dem Zentrum des Abendlandes, wurde die *carpe-diem*-Devise des Dichters Horaz geboren: »Nutze den Tag« und lebe im Hier und Jetzt. »Nur der wird heiter leben, der nach jedem Tag zu sprechen weiß: ›Ich habe gelebt‹« (Horaz' »Oden«). Das gleicht dem westlichen Lebensstil des 21. Jahrhunderts. Rom verkör-

pert auch die Lebensphilosophie *panem et circenses* (»Brot und Spiele«) des Juvenal. Wenn die Politik die Gunst und das Wohlwollen des Volkes nicht verlieren will, muss sie den Anspruch, ja die Forderung des Volkes auf Lebensunterhalt und Vergnügen erfüllen. Symbol hierfür ist das Kolosseum von Rom, das größte Amphitheater der antiken Welt.

- Voltaire, der französische Schriftsteller und Philosoph (1694–1778), gilt als der bedeutendste Vertreter der *europäischen Aufklärung*, der 1749 bis 1753 am Hofe Friedrichs des Großen in Potsdam wirkte. Voltaire trat für die *Abschaffung der Leibeigenschaft* ein, war von tiefem *Gerechtigkeitssinn* erfüllt, plädierte für *Religionsfreiheit* und kämpfte gegen Vorurteile und religiösen Fanatismus. Und er verteidigte *Toleranz* und *Menschenrechte* sowie den Anspruch auf menschliches Glück – pointiert formuliert in dem berühmten Satz seines Gedichts »Le Mondain« (1736): »Das Paradies auf Erden ist da, wo ich bin.«

- Und nicht erst seit dem 11. September gilt die New Yorker Freiheitsstatue als Personifikation und Sinnbild der Freiheit: ein Werk des französischen Bildhauers Frédéric Auguste Bartholdi, das den USA 1886 von Frankreich geschenkt wurde. Hier vereinigen sich die Menschenrechte in Europa *Freiheit/Sicherheit/Gerechtigkeit* mit dem in der amerikanischen Unabhängigkeitserklärung verbrieften *Recht auf Glück*.

Diese Herkunft bestimmt die Zukunft unserer Wertewelt – als Chance, aber auch als Gefährdung. Muss nicht das beanspruchte Glück des Westens allzu egoistisch erscheinen, wenn andere in der Welt auf der Strecke bleiben? Ein solcher Anspruch kann schnell an seine *sozialen und moralischen Grenzen* stoßen, wenn er die Existenzängste anderer aus dem Blick verliert und die Kluft zwischen armen und reichen Ländern in der Welt größer werden lässt. Wer im Westen die Welt der unbegrenzten Möglichkeiten genießen will, sollte aus den Erfahrungen Martin Luther Kings Lehren ziehen: »Die Verbesserung des Schicksals der Armen bereichert auch die Besitzenden.«

Hier kann eine *Kultur des sozialen Wohlbefindens* weiterhelfen, die sich nicht mehr nur vom materiellen Wachstum leiten lässt. Sozialen Rückhalt wird in einer haltlosen Zeit nur das Miteinander geben können, wozu auch die Rückbesinnung auf ethische Werte gehört. Dabei ist die Gesellschaft als Ganzes gefragt, aber die Kirche in besonderer Weise gefordert: Sie muss moralisches Verhalten offensiv einfordern und nicht nur passiv jeden seine eigenen Maßstäbe leben lassen und dabei selbst fast »völlig abtauchen« *(6)*.

In der Nichterfüllung ethischer Werte sieht Diéz-Hochleitner, der Ehrenpräsident des Club of Rome, die größte Herausforderung des 21. Jahrhunderts bzw. die größte Gefahr für die nächsten Generationen. Das Problem besteht vor allem darin, dass heute mit ethischen Werten wie beispielsweise Freiheit, Toleranz, Gerechtigkeit, Respekt und Solidarität *widersprüchlich und unglaubwürdig* umgegangen wird. So zeigen sich Politiker für die Wertediskussion durchaus aufgeschlossen, lösen aber ihre Versprechen kaum oder gar nicht ein. Und auch Wirtschaftsmanager müssten deutlich mehr für den *sozialen Ausgleich* tun, zumal die Wirtschaft langfristig vom sozialen Handeln profitiert. Dies wäre ein geradezu *intelligenter Egoismus (7)*, der wirtschaftliche Interessen mit der Lösung sozialer Probleme verbindet. In dieser Frage ist noch viel Aufklärungs- und Überzeugungsarbeit zu leisten. Noch hat man heute den Eindruck, dass die Deutschen beim Stichwort »Wertewandel« mehr an den Verfall der Aktienwerte oder an den Anstieg ihrer Cholesterinwerte denken.

Lebensziele für die Zukunft

Eine werteorientierte Standortbestimmung tut not – jenseits ökonomischer Notwendigkeiten: *Wie sehen unsere Lebensziele für die Zukunft aus?* Lebensziele umschreiben in der Wertewandelforschung Zielvorstellungen, die der Einzelne in seinem Leben zu verwirklichen sucht (»will ich gern mit besonders starkem Einsatz tun«). Lebensziele verkörpern individuelle Werte, auf die jeder sein Leben ausrichtet, auf die er zulebt – von der Vermögensanlage bis zur Freude am Leben. Dazu gehören Wertemuster wie z. B.

- *Leistungsorientierung*
  (Etwas leisten; sich Herausforderungen stellen; vorwärtskommen; sich fortbilden)
- *Genussorientierung*
  (Leben genießen; etwas selber tun, was Spaß macht)
- *Sozialorientierung*
  (Mit anderen zusammen sein; anderen helfen)
- *Ichorientierung*
  (Sich selbst verwirklichen; Ideen durchsetzen; sich besser kennen lernen)
- *Besitzorientierung*
  (Viel Geld verdienen; Vermögen schaffen; etwas Bleibendes schaffen).

Auf dem Weg in die Zukunft wollen wir gern in einer *Balance zwischen Leistungs-, Genuss- und Sozialorientierung leben.* Wir wollen in unserem Leben etwas leisten. Zugleich legen wir besonderen Wert darauf, das Leben zu genießen. Spaß und Lebensfreude sind aber erst durch andere und mit anderen am größten. An dritter Stelle unserer Lebensziele rangiert daher das Zusammensein mit anderen. Bemerkenswert hoch ist der *Wunsch ausgeprägt, anderen helfen zu wollen.* Materielle Lebensorientierungen wie etwa »viel Geld verdienen« oder »Vermögen schaffen« spielen im Vergleich hierzu eine untergeordnete Rolle. Die Hoffnung hat eine Zukunft, wenn es gelingt, das große Potential an Hilfsbereitschaft zu wecken und zu aktivieren. Die Gemeinwohlorientierung muss also nicht sterben.

Jenseits der Erwerbsgesellschaft gibt es in unserer Wunschvorstellung eine *soziale Leistungsgesellschaft,* in der das Für-andere-da-Sein Lebenserfüllung verspricht. Eine Forderung für die Zukunft zur Erhaltung und Sicherung der Wohlstands- und Wohlfahrtsgesellschaft sollte daher lauten: öffentliche Ausgaben reduzieren – private Initiativen aktivieren.

Leben im 21. Jahrhundert sollte sich *zwischen persönlicher Lebensfreude und sozialer Geborgenheit* abspielen. Um sich wohlfühlen zu können, müssen allerdings Lebensbedingungen vorhanden sein oder geschaffen werden, die Wohlstand und Wohlfahrt gleichermaßen garantieren. Die Prioritäten wandeln sich im Laufe des Lebens:

- Für die jüngere Generation ist der eigene Spaß genauso wichtig wie die Geborgenheit im Zusammensein mit anderen. Jugendliche leben eher nach der Devise: Man kann andere nicht glücklich machen, wenn man nicht selber Spaß dabei hat.
- Hingegen können die meisten älteren Menschen, um sich wohl zu fühlen, auf Spaß und Freude, Fröhlichkeit und Ausgelassenheit verzichten – nicht jedoch auf Hilfsbereitschaft und Verständnis füreinander.

Wir erwarten von der Zukunft nicht das ganz große Glück. Es sind eher die kleinen Glücksmomente des Lebens in einer entspannten und störungsfreien Atmosphäre: *Stimmung, Harmonie, Geborgenheit.* Garanten dafür, dass man unbeschwert leben und sich über manche schönen Augenblicke einfach freuen kann. Selbst die

Zukunftshoffnungen der Jugend richten sich auf *zeitlose Werte zwischen Freundschaft, Freundlichkeit und Liebe*. Die junge Generation weiß sehr wohl, was auch in Zukunft wichtig ist. Das Bewusstsein für die Bedeutung der vorrangig sozialen Werte lässt hoffen. Es ist kein Zufall, dass die Menschenrechte in Europa drei Namen tragen: *Freiheit, Sicherheit, Gerechtigkeit.*

Ein Recht auf Glück lässt sich hieraus allerdings nicht ableiten. Aus erlebnispsychologischer Sicht gilt: Es macht auf Dauer nicht glücklich, wenn man immer das bekommt, was man sich wünscht. Kurzfristig mag man sich glücklich fühlen; langfristig erzeugen jedoch weder ein neues Auto noch ein Zweitfernseher oder ein Dritturlaub die gleichen Glücksgefühle wie am Anfang. Menschen fühlen sich subjektiv immer dann am wohlsten, wenn Ansprüche und Möglichkeiten im Gleichgewicht sind.

Gebraucht werden

Wie kann eine neue *Kultur des Helfens* in einer individualisierten Gesellschaft geschaffen werden? Wie kann unbezahltes soziales Engagement für eine konsum- und leistungsorientierte, ebenso individualistisch wie materialistisch eingestellte Generation attraktiv werden? Der Mensch lebt nicht vom Brot allein. Und: Auch Geld allein macht nicht glücklich. Unbezahlte freiwillige Tätigkeiten stellen eine wichtige Lebensaufgabe dar – auch jenseits von Konto und Karriere. Jeder Mensch braucht eine Aufgabe über alle Lebensalter hinweg. Das ist schließlich *Lebensgestaltung mit Sinn (und nicht nur gegen Geld)*. Immer vorausgesetzt, dass das übrige Ein- und Auskommen gesichert ist.

Es ist daher kein Zufall, dass z. B. die Besserverdienenden die Wichtigkeit einer solchen unbezahlten Tätigkeit stärker betonen als etwa die Bezieher unterer Einkommen. Soziales Engagement gibt auch eine Antwort auf die Sinnfragen des Lebens: *Es tut gut, gebraucht zu werden.* Nur: Wer braucht die Rentner noch? Wer sucht ernsthaft ihren Rat? Im höheren Lebensalter bekommt das Gebrauchtwerden im sozialen und ehrenamtlichen Bereich die Bedeutung eines neuen Lebensinhalts.

Wenn *Ehren* und *Amt* keine Worthülsen sein und wirklich etwas bedeuten sollen, dann müssen *freiwillige Helfer («Volontäre»)* auch das Gefühl vermittelt bekommen, dass sich der Aufwand und die Mühe für soziales Engagement wirklich lohnen. Das kann eine Auszeichnung in der Öffentlichkeit, eine Ehrung, eine Ehrentitel- oder Ordensverleihung oder eine vorübergehende Freistellung in Schule, Ausbildung und Beruf (z.B. durch gesetzlichen Anspruch auf Sonderurlaub) sein. Auch materielle Honorierungen sind – zumindest übergangsweise – in Erwägung zu ziehen: vom Steuerfreibetrag und der Verdienstausfallregelung über finanzielle Vergünstigungen bei der Benutzung öffentlicher Verkehrsmittel bis zum freien Eintritt in öffentliche Kultureinrichtungen (z.B. Museen).

Wer als Übungsleiter im Sportverein tätig ist, in der Freiwilligen Feuerwehr mitarbeitet, sich bei Greenpeace engagiert, ehrenamtlich Gewerkschafts- oder Gemeindearbeit leistet oder Pflegedienste in der Familie oder Nachbarschaft übernimmt, muss materiell oder immateriell honoriert werden: Finanzielle Anreize für ein soziales Volontariat sollten nicht die Regel werden, sie müssen aber andererseits geschaffen werden, damit soziales Engagement nicht auch noch bestraft oder benachteiligt wird.

Wenn Familienmitglieder ihren Beruf zugunsten eines pflegebedürftigen Menschen aufgeben, wie dies oft bei Frauen der Fall ist, dann müssen sie weiter renten-, kranken- und unfallversichert bleiben. Wer heute Geld für gute Zwecke spendet, bekommt vom

Staat steuerliche Vorteile eingeräumt. Folgerichtig muss es in Zukunft heißen: Wer freiwillig soziale Dienste für die Gemeinschaft leistet, muss auch steuerlich entlastet werden.

Mehr Ehrensache als Ehrenamt

Das freiwillige Engagement ist zwischen Ehre und Amt, Idealismus und sozialer Pflicht angesiedelt. Im Unterschied zum käuflichen Konsum, der Spaß sofort verspricht, muss die Freude am Ehrenamt erst durch eigene Leistungen »erarbeitet« werden. Eigeninitiative und Verantwortungsbewusstsein gehören immer dazu. Dafür vermittelt die ehrenamtliche Tätigkeit aber auch *besondere Erfolgserlebnisse* wie z. B. die Freude, anderen helfen zu können, oder der Stolz über eigene Einflussmöglichkeiten.

Wer die Jugend mehr für die Übernahme sozialer Aufgaben gewinnen will, muss in Ansprache und Werbung andere Akzente setzen:

- *Männliche Jugendliche* finden es besonders gut, dass man bei der Freiwilligenarbeit Menschen treffen, Freunde gewinnen und persönliche Erfolgserlebnisse haben kann.
- *Weibliche Jugendliche* betonen stärker die Hilfeleistung mit Ernstcharakter sowie die mögliche Erweiterung ihrer eigenen Lebenserfahrung. Dann macht ihnen die unbezahlte Freiwilligenarbeit auch wirklich Spaß.

Auffallend ist, dass der Aspekt der sozialen Anerkennung bei allen Bevölkerungsgruppen nicht im Vordergrund steht. Nur wenige glauben daran, dass ehrenamtliches Engagement soziale Anerkennung »bringt«. Offensichtlich wird soziale Anerkennung mehr gewünscht als wirklich gefunden. Vor allem die Jugendlichen geben sich in dieser Hinsicht keinen Illusionen hin. Im Vergleich zu allen anderen Bevölkerungsgruppen sind sie am wenigsten davon überzeugt, dass Freiwilligenarbeit durch soziale Anerkennung honoriert wird.

Die Folgen können nicht ausbleiben: Immer weniger Menschen könnten in Zukunft bereit sein, sich unentgeltlich für andere oder für etwas zu engagieren, wenn sie nicht »honoriert« werden. *Ohne Lob oder Lohn läuft kaum eine soziale Leistung mehr.* Anders als in den sechziger bis neunziger Jahren gibt es in Zukunft keine Job-Sicherheit mehr. Wer will sich schon in solch unsicheren Zeiten dauerhaft binden oder abhängig machen? Der Arbeitgeber nicht und der Arbeitnehmer auch nicht. Jeder will sein zeitliches Engagement selbst bestimmen. In einer individualisierten Gesellschaft gleicht die unbezahlte freiwillige Mitarbeit in sozialen Organisationen mehr einem *sporadischen Engagement,* um weiterhin frei und flexibel bleiben zu können. Die neuen Helfer von morgen wollen sich nicht längerfristig verpflichten – mit gutem Grund: Schließlich haben viele das Gefühl, beim sozialen Engagement ausgenutzt zu werden.

In Zukunft droht kein soziales Analphabetentum, eher ein berechnender *egoistischer Altruismus,* bei dem die neuen Helfer das Warum, Wofür und Wie lange ihres Tuns selbst bestimmen. Die vielen freiwilligen Helfer werden eine neue Kultur des Gebens und Nehmens entstehen lassen. Aber kaum ein Helfer wird sich noch lebenslang engagieren wollen. Sich engagieren heißt handeln, heißt aktiv und tätig sein. In Zukunft gilt: Sich engagieren ist Ehrensache (und weniger ein Ehrenamt). Es tut gut, gebraucht zu werden. Und es tut ungeheuer gut, etwas Sinnvolles zu tun – für sich und andere. Die Zukunft gehört interessierten Helfern, die *mehr in Initiativen als in Institutionen tätig* sind: Sie kochen für Obdachlose, pflegen kranke Kinder, melden sich am Kindertelefon, betreuen gefährdete Jugendliche, kümmern sich um Menschen in Asylbewerberheimen, organisieren Nachbarschaftshilfen oder machen beim Senior-Experten-Service mit – solange es ihnen gefällt.

Diese *Individualisierung des Sozialen* nimmt mitunter Züge von Beliebigkeit an. Denn für alles und jedes gibt es eine Interessenvereinigung. Die Zahl der eher kleineren Einsparten-Vereinigungen (ehemals »Vereine«), die sich in das Vereinsregister eintragen lassen, wird in Zukunft mehr zu- als abnehmen – vor allem in Großstädten und Ballungszentren. Allein in Hamburg entstehen jährlich über 500 solcher Vereinigungen: Vom »Internationalen Kutscher Treff« bis zum Motorradclub »Kuhle Wampe«, vom Sportclub »Cricket Club Pak Alemi« über die »Freunde des Tierparks Hagenbeck« bis zur studentischen Vereinigung »Gemeinsam statt Einsam«. Kein Thema ist zu exotisch, als dass es nicht in eine satzungsmäßige Organisation umgewandelt werden könnte. Mit der Themeninflation nimmt auch die Austauschbarkeit der Mitglieder zu. Alles wird individualisiert. Am Ende kann es heißen: *Der Verein bin ich!*

Ende der sechziger Jahre warnte der Psychoanalytiker Erich Fromm vor einer zweifachen Bedrohung des modernen Menschen: Die Vernichtung durch Krieg und die *innere Leblosigkeit durch das Passivsein des Menschen.* Eine der Grundvoraussetzungen menschlichen Wohlergehens sei es, aktiv zu sein, also »alle seine Fähigkeiten produktiv auszuüben« *(8).* In Zukunft muss also die drohende Passivierung des Menschen aufgehoben werden – sonst kann es passieren, dass ein paar Privilegierte intensiv arbeiten, die Mehrheit aber mehr mit ihrer eigenen Lebensbewältigung beschäftigt ist.

Treffpunkt Hilfsbereitschaft

Die Menschen müssen stärker außerberufliche Gelegenheiten bekommen, aktiv an den Aufgaben und Problemen der Gesellschaft teilzunehmen. Neben der passiven Konsumkultur muss eine *aktive Gemeinschaftskultur* treten, in der sich die Menschen stärker als bisher in den Dienst sozialer Belange stellen können. Diese sozialen Aufgaben müssen so attraktiv sein, dass die Bürger freiwillig und mit Freude dabei sind.

Freiwillige Non-Profit-Dienste müssen durch neue Status- und Prestigesymbole gesellschaftlich aufgewertet werden. Wenn die Freiwilligenarbeit wirklich den Charakter einer Zweitkarriere bekommen soll, kann sie nicht nur dem Zufall oder der Spontaneität überlassen bleiben. Damit sie die entsprechende gesellschaftliche Anerkennung erlangt, müssen sich die sozialen Volontäre *in Kursen weiterqualifizieren* können. Nicht immer reicht die eigene Lebenserfahrung, um Mitmenschen in schwierigen Lebensphasen zu begleiten – von der Gesprächsführung bis zum Zuhören-Können. Nur über begleitende Qualifikationskurse kann das soziale Volontariat eine gleichwertige Ergänzung (nicht Alternative) der professionellen Arbeit sein.

Volontäre, die freiwillig gemeinnützige Tätigkeiten ohne Lohn leisten, müssen in Zukunft professionell beraten und vermittelt werden. Dazu brauchen wir *Volontariatsdienste* (wie z. B. Benevol in der Schweiz oder die Freiwilligen-Zentralen in den Niederlanden), die organisatorische Hilfen geben. Soziale Volontäre sollen die Tätigkeiten ausüben, die bisher weder von der Privatwirtschaft noch vom öffentlichen Dienst hinreichend wahrgenommen werden. Freiwilligenarbeit könnte sich so zu einer neuen Säule des Sozialstaats entwickeln – zu einem Treffpunkt Hilfsbereitschaft zur Wiederbelebung des Gemein- und Bürgersinns.

Die neuen *Freiwilligenbörsen* auf regionaler Ebene in allen Teilen Deutschlands sind ein Schritt in diese Richtung. Dazu gehört auch die Ende der neunziger Jahre gegründete Nationale Freiwilligen-

Agentur, die Bürger auf der Suche nach einem Ehrenamt anrufen und sich auch dort beraten lassen können (z.B. in Versicherungs- und Steuerfragen).

Damit wir keine Gesellschaft von Einzelgängern werden, die nur ihren egoistischen Interessen nachgehen, müssen wir das Bewusstsein für Gemeinsinn so stärken, dass eines Tages die Ausübung eines sozialen Volontariats *genauso prestigeträchtig* ist wie der Erwerb eines kostspieligen Konsumartikels. Beides muss schließlich »verdient« werden – entweder durch Arbeit oder durch gute Werke im Dienste der Gemeinschaft. Das lange Leben kann doch erst dann ein sozialer Fortschritt sein, wenn wir auch bereit sind, einen *Teil der geschenkten Zeit* sowohl in die Erhöhung der persönlichen Lebensqualität als auch in die Verbesserung der sozialen Lebensbedingungen zu *re-investieren*. Dazu aber bedarf es gesellschaftlicher Anreize durch die Politik.

Erfahrung des Aufeinander-Angewiesenseins

Vielleicht heißt Solidarisierung in Zukunft einfach nur: mehr Gemeinsamkeit (und weniger Egoismus). Von dem hohen Solidaritätsideal werden wir uns wohl verabschieden müssen. Das soziale Optimum der Zukunft wird eher eine pragmatische Solidarisierung nach dem Prinzip »do ut des« sein: Ich helfe dir, damit auch mir geholfen wird. Ich gebe mich notwendigerweise solidarisch, um weiter frei und unabhängig leben zu können. Für die Zukunft zeichnet sich ein neuer Typus von Solidarität ab, der von Pflichtgefühl und Helferpathos herzlich wenig wissen will. Aus der Not oder Notlage heraus geboren schließen sich Individuen zu einem sozialen Netzwerk zusammen – auf Abruf und jederzeit kündbar, wenn die Geschäftsgrundlage (= Notlage) entfällt. Das Netzwerk wird zum Beistandspakt auf Zeit. Der sich international ausbreitende Kommunitarismus (vor allem in den USA) ist eigentlich nichts anderes als ein sozialer Egoismus.

Solidarität entwickelt sich wieder zu dem, was sie ursprünglich in der europäischen Arbeiterbewegung des 19. Jahrhunderts einmal war: zu einer *Erfahrung des Aufeinander-Angewiesenseins,* bei der sich Eigen- und Gemeinnutz miteinander verbinden und weniger eine Frage von Pflicht und Moral, Fürsorge und Nächstenliebe sind *(9).* Mehr Bestand und Verlässlichkeit könnten Hilfsbereitschaft und Solidarisierung erst dann bekommen, wenn sie gesellschaftlich aufgewertet und entsprechend anerkannt und honoriert würden.

Das Zeitalter des Individualismus geht zu Ende. Die Sehnsucht wird größer, auch einmal Nicht-Ich zu sein und nicht immer nur Ich-Imagepflege betreiben zu müssen. Der Individualismus, der keine vorgegebenen Normen, Werte und Leitbilder mehr kennt und anerkennt, überlebt sich. Jetzt heißt es, Abschied vom Zeitalter individueller Bastelexistenzen zu nehmen und einem *Zeitalter des gemeinsamen Lebens* zum Durchbruch zu verhelfen. Vielleicht müssen wir in Zukunft wieder präziser unterscheiden lernen zwischen

- individuell ganz unterschiedlichen Werten und Maximen für den Einzelnen und
- eindeutigen moralischen Richtlinien und Weisungen für alle.

Im Idealfall nähern sich beide weitgehend an, im Konfliktfall liegen Welten dazwischen.

Wenn Papst Benedikt XVI. bei der Karfreitagsprozession am römischen Colosseum in scharfen Worten kritisierte, der monotone Werbespot unserer Gesellschaft sei die Einladung, »im Egoismus zu sterben« (14. April 2006), so knüpft er an die Botschaft der Exodustradition an: Sorgt gemeinsam für eure Rettung. Gemeinschaft und Gemeinsamkeit halten euch zusammen und lassen euch in der Suche nach dem Sinn nicht allein.

Die alten Griechen wussten schon, warum sie den Zeus-Tempel in Olympia als Mahnung an die Epheben mit der Inschrift versahen: PAN METRON ARISTON: »*Genieße nach Maß, damit du länger genießen kannst*«. Wer noch im Genuss maßvoll bleibt, leidet keine materielle Not, schwimmt aber auch nicht im Überfluss. Denn er weiß, dass man Glück nicht kaufen kann.

HALTLOSIGKEIT ODER ZUSAMMENHALT
Freie Assoziationen zur Zukunft – so oder so

Goldenes Kalb	Goldene Regeln
Globalismus	Gewissen
Spaßgesellschaft	Sinngesellschaft
Stammzellenforschung	Zukunftssorge
Gleichgültigkeit	Gemeinschaft
Unterernährung	Handreichung
Entertainment	Lebenserfüllung
Zeitgeist	Grundordnung
Orientierungslosigkeit	Grenzmarkierung
Abtreibung	Menschenbild
Wohlleben	Moral
Haltlosigkeit	Geborgenheit
Gottlosigkeit	Gottvertrauen

Bertolt Brechts Gedicht »An die Nachgeborenen« aus den dreißiger Jahren des vorigen Jahrhunderts bringt das Thema Generationenverantwortung auf den Punkt: »Ach, wir/Die wir den Boden bereiten wollten für Freundlichkeit/Konnten selber nicht freundlich sein./Ihr aber, wenn es so weit sein wird/Dass der *Mensch dem Menschen ein Helfer* ist/Gedenkt unser/Mit Nachsicht.«

Das sechste Gebot

des 21. Jahrhunderts

*Verdien dir deinen Lebensinhalt –
durch Arbeit oder gute Werke.*

Arbeit. Selbsthilfe. Gute Werke.

Xenophon ließ in seinen »Memorabilien« Antiphon zu Sokrates sagen:»Wenn jemand zu dir kommt und sich von dir beraten lässt, verlangst du kein Geld von ihm. Du bist kein Weiser, denn deine Worte haben keinen Wert.« Sokrates erbrachte unbezahlte Dienstleistungen, die dem professionellen Sophisten wertlos erscheinen mussten. Was nichts kostete, war auch nichts wert – das ist bis heute so geblieben. Unter dem *Manko des Nichtmonetären* leiden viele Nichterwerbstätige. Was ist ihre erwerbslose Zeit schon wert? Das Bruttosozialprodukt wird schließlich auch ohne sie erwirtschaftet:

- Sie arbeiten, aber stehen nicht im Dienst ökonomischer Verwertbarkeit.
- Sie sind produktiv, aber nicht erwerbstätig.
- Aus ihrer Tätigkeit erwächst ein hoher Ertrag an persönlicher Leistungsmotivation, der unbezahlbar ist.
- Sie schaffen menschliche Beziehungen und Werte, die nicht käuflich sind.

Die amerikanische Anthropologin Margret Mead hatte sicher Recht, wenn sie die Auffassung vertrat, dass Muße entweder durch Arbeit oder durch »gute Werke« verdient werden müsste *(1)*. Nur: In Zukunft wird es immer schwieriger, die Verdienstkomponente in Anspruch zu nehmen. Hier kommt womöglich die Selbsthilfe zu Hilfe: *Die Selbsthilfe wird zum moralischen Ersatz für Arbeit oder gute Werke.* Immer mehr Gleichgesinnte suchen sich und schließen sich zusammen. Und für nicht wenige wird die Selbsthilfe zu einer eigenen Lebensform.

> Der Mosaische Visionsbericht zeigt auf, dass wir uns nicht im Heer der Mitmacher und Mitmischer verstecken können, wenn wir wirklich dem Gemeinwohl »dienen« wollen. Erst eine tatkräftige Selbsthilfe-, Sozial- und Verantwortungskultur schafft die Voraussetzungen für eine zukunftsfähige Bürgerkultur.

Es ist klar: Solange Menschen auf dieser Erde leben, wird es das Schlaraffenland nicht geben. Das Paradies bleibt Wunschbild oder Illusion, weil weder der Einzelne noch die Gesellschaft auf die notwendige Erwerbsarbeit verzichten können. Wohlstand und Wohlbefinden müssen auch in Zukunft erst einmal produziert, erarbeitet und verdient werden. Was aber passiert mit denen, die vom erwerbsmäßigen Produzieren, Erarbeiten und Verdienen ausgeschlossen werden? Wenn in Zukunft die überwiegende Mehrheit der Bevölkerung noch nicht, nicht mehr oder nie mehr im Erwerbsprozess steht, kann auch Erwerbsarbeit nicht mehr alleiniger Lebenssinn oder Lebensinhalt sein.

Es ist geradezu lebensnotwendig, die Sinnorientierung auf menschliche Tätigkeiten zu richten, die in einem Sinnzusammenhang mit arbeitsähnlichem Charakter stehen und dem beruflichen Erfolgsleben relativ nahe kommen. *Sinnerfüllte Tätigkeiten im sozialen Bereich* können Erwerbsarbeit nie ersetzen, wohl aber den Verlust von Erwerbsarbeit ausgleichen helfen. Jeder Mensch braucht eine Aufgabe. Das Gefühl, gebraucht zu werden, zählt mehr als Geldverdienen. Etwas Sinnvolles für sich und etwas Nützliches für die Gemeinschaft zu tun, verdient gesellschaftliche Anerkennung.

Wenn die Erwerbsarbeit ihren Mythos verliert und in den Betrieben über wachsenden Motivationsverlust geklagt wird, so ist das psychologisch gesehen eine Art Selbstschutz, eine natürliche Reaktion auf die Unsicherheit am Arbeitsmarkt – aus Angst vor einer zu starken Identifikation, die bei plötzlichem Arbeitsplatzverlust kaum verkraftet werden könnte. Das seelische Gleichgewicht wäre gestört, die ökonomische und psychische Grundlage der eigenen Existenz infrage gestellt. Durch Engagements im sozialen Bereich können sich viele ein *zweites Standbein schaffen* und ein neues Gleichgewicht finden.

Neue Kultur des Helfens

Wir sollten uns Gedanken über einen *neuen Helfertypus* machen. Der deutsche Begriff *Helfer* ist von Martin Luther als wörtliche Übersetzung von lateinisch *diaconus* eingeführt worden und gilt heute noch in der Schweiz als Synonym für ein *geistliches Amt*. Nur: Helfer agieren heute nicht mehr in erster Linie aus religiöser oder moralischer Verantwortung. Aus der modernen sozialen Netzwerkforschung geht vielmehr hervor, dass es bisher keinen empirischen Beleg dafür gibt, dass z. B. religiös gebundene Menschen mehr soziales Engagement zeigen *(2)*. Der neue Helfertypus lebt und erlebt vielmehr eine Kultur des Helfens, die deutlich zwangloser, zeitlich begrenzter, inhaltlich offener und zugleich weniger von einem moralisch aufgeladenen Helferpathos geprägt ist. An die Stelle von Nächstenliebe und Solidargemeinschaft treten eher *multiple Netzwerke* mit mehr persönlichem Freiheitsspielraum und weniger

Gruppenzwang oder traditioneller Bindungspflicht. Persönliche Freiheitsliebe geht vor Pflichtgefühl.

Dies trifft vor allem für die jüngere Generation zu: Beim sozialen Engagement geht es auch um eigene Interessen. Der Ich-Bezug zur eigenen Lebenswelt muss dabei erhalten bleiben. Nur so lässt sich garantieren, dass soziales Engagement seinen Freiwilligkeitscharakter nicht verliert. Ein soziales Engagement, das auf Freiwilligkeit aufgebaut ist und hinreichend Freiheitsspielräume lässt, bereitet erfahrungsgemäß Freude.

Eine Studie in acht europäischen Ländern brachte es beispielsweise auf den Punkt: Nur jeder Fünfte der sozial Engagierten in Europa nennt moralische, religiöse oder politische Gründe für sein Handeln. Aber fast dreimal so hoch ist der Anteil der Befragten, die unumwunden feststellen: *Es macht mir wirklich Spaß (3)*. Freiwillige wollen durch ihr Engagement nicht öffentliche Gelder sparen oder privat neue Geldquellen erschließen helfen, sondern etwas für andere tun, was Sinn hat und Spaß macht. Sinn und Spaß sind die Hauptantriebskräfte für freiwilliges soziales Engagement und nicht etwa Bürgerpflicht oder moralisches Pflichtbewusstsein. So gesehen schließen sich Gemeinsinn und Individualismus nicht mehr gegenseitig aus. In einer individualisierten Gesellschaft entwickelt sich eine neue Kultur des Helfens: *Helfen macht Sinn und Helfer haben Spaß daran*. Das ist der Lohn der Arbeit und des freiwilligen Engagements.

Soziale Anerkennung als Lohn

Auch das Ehrenamt muss sich lohnen *(4)*. Der *Hauptlohn* für freiwillige Helfer ist dabei nicht das Geld, sondern die *soziale Anerkennung*: von der Anerkennung im Schulzeugnis über Zertifikate und Freiwilligenausweise bis zur Würdigung in der lokalen Berichterstattung. Auch konkrete finanzielle Vergünstigungen wie Steuererleichterungen und Rentenersatzzeiten kommen in Betracht. Hilfsbereitschaft muss neu definiert werden.

In den westlichen Industrieländern geht der Erwerbsgesellschaft nachweislich die bezahlte Arbeit aus. Die Schlüsselfrage lautet daher: Was kann für den wachsenden Anteil der Nichterwerbstätigen zum neuen Lebensinhalt werden, wenn es weiter an bezahlten Jobs mangelt? Während Politik und Wirtschaft noch über Lösungsmöglichkeiten nachdenken, sind die meisten Menschen schon einen Schritt weiter. Sie suchen sich selbst einen Lebenssinn, machen sich selbst zum Unternehmer und schaffen sich selbst Arbeitsplätze, in denen sie Leistungen im Leben erbringen und Erfolgserlebnisse haben können: *Familienarbeit, Lernarbeit und Sozialarbeit heißen die neuen Beschäftigungsmöglichkeiten.*

Natürlich bleibt die Erwerbsarbeit der allgemein anerkannteste Leistungsbereich – allerdings auf gleicher Augenhöhe mit der Familienarbeit, also der Kindererziehung und der Haushaltsarbeit. Hinzu kommen Gemeindearbeit, ehrenamtliche Bürger- und Freiwilligenarbeit in sozialen Organisationen und Vereinsarbeit sowie Eigenarbeiten, bei denen man etwas nach eigenen Vorstellungen gestalten und jederzeit Erfolgserlebnisse haben kann. Solche Eigenarbeiten wirken wie ein Lebenselixier und verhindern Leere, Langeweile und Depressionen.

Eine neue Sinnfindung des Lebens beginnt: *Die Menschen werden aktiv – auch ohne Bezahlung.* Der klassischen Arbeitsgesellschaft geht die bezahlte Arbeit aus, nicht aber den Menschen die Lust auf Leistung. Wenn also Maschinen in Zukunft beinahe alles tun, gibt es dennoch für Menschen genug zu tun. Denn: Nach der Erwerbsarbeit ist die Lebensarbeit nicht zu Ende. Zu den Arbeiten in Familie, Haus und Garten kommt insbesondere die persönliche Weiterbildung hinzu. *Gemeinnützige Tätigkeiten* wie z. B. Gemeindearbeit, Freiwilligenarbeit und Vereinsarbeit werden allerdings etwas nachrangiger eingestuft, weil solche sinnstiftenden Bürgerengagements im Dienste der Gemeinschaft bisher vor allem eine Frage der Bildung sind. Befragte mit höherer Schulbildung schätzen die Vereinsarbeit, die Freiwilligenarbeit und die Gemeindearbeit als Tätigkeitsbereiche, in denen sie etwas leisten können, deutlich höher ein.

Arbeit jedenfalls muss in Zukunft neu definiert werden: Erwerbsarbeit bringt Geld, Familienarbeit spart Geld. Genau genommen »spart« die Familie nicht nur Geld, sie »bringt« auch Geld. Das Statistische Bundesamt weist nach, dass *die wichtigste Einkommensquelle der Deutschen* – neben dem Arbeitseinkommen – nicht die Rente oder Pension, sondern *die Familie* ist, also die Angehörigen, die Ehepartner und die Eltern. Die Familie erbringt eine *doppelte Vorsorgeleistung* – eine Kapitalvorsorge und eine Sozialvorsorge. Wenn das Grundgesetz in Artikel 6 die Familie unter den besonderen Schutz des Staates stellt, so findet dies in der doppelten Vorsorgeleistung der Familie seine Begründung. Versicherungsgesellschaften können das nicht leisten, und Freundeskreise wollen das in der Regel auch nicht. So gesehen erweist sich die Familienförderung als die beste Zukunftsvorsorge der Gesellschaft. Während sich die gesetzliche Rente mehr zu einer Art Zusatzversicherung zurückentwickelt, nimmt die *Familie als verlässliche Vollversicherung* ihren Platz ein.

Mit der politisch ernst gemeinten Diskussion um eine bessere Vereinbarkeit von Beruf und Familie bekommt die Erwerbsarbeit Konkurrenz: Die überwiegende Mehrheit der Bevölkerung bewertet die Kindererziehungsarbeit genauso hoch wie die Erwerbsarbeit. Damit wird das Grundsatzurteil des Bundesverfassungsgerichts vom 28. Februar 2002 voll bestätigt: *Kindererziehung und Beruf sind gleichwertig*, d.h. Kindererziehung und Haushaltsführung stehen gleichwertig neben der Beschaffung des Einkommens. Beide haben infolgedessen Anspruch auf gleiche Teilhabe am gemeinsam Erwirtschafteten. In der multiaktiven Leistungsgesellschaft des 21. Jahrhunderts müssen bezahlte und unbezahlte Arbeiten den gleichen Wert haben.

Für die Zukunft zeichnet sich als Tendenz ab: Gemeinschaftsarbeit, Lernarbeit und Eigenarbeit entwickeln sich – neben der Familienarbeit – zu ernsthaften Konkurrenten der Erwerbsarbeit. Sie geben zudem vielen Unternehmen auch eine Antwort darauf, warum manche Mitarbeiter nicht mehr länger arbeiten oder gar früher aufhören wollen. *In vielen Erwerbsarbeiten kommt der Sinnfaktor zu kurz.* Bei unbezahlten Tätigkeiten hingegen bemisst sich der Erfolg einer Arbeit nicht mehr nur an der Höhe des Einkommens. Wer hier etwas leistet, steigert sein Selbstwertgefühl. An die Stelle der Honorierung mit Geld tritt dann die *Honorierung mit Sinn*, der in naher Zukunft allerdings auch die entsprechende gesellschaftliche Anerkennung folgen muss.

In der Übergangsphase wird man auf materielle Honorierungen und Vergünstigungen nicht ganz verzichten können, z.B. durch *leistungsbezogene Pauschalen*, die das Ein- und Auskommen verbessern oder die Rente spürbar aufstocken helfen. Über ähnliche Vergünstigungen muss im Bereich der Familienarbeit nachgedacht werden. Wer sich kontinuierlich um Kinder kümmert oder längerfristig kranke Menschen betreut, sollte einen *arbeitnehmerähnlichen Status* bekommen. Die Zukunftsformel »Arbeit für alle« muss um den Aspekt »Leistung von allen« erweitert werden. In der künftigen Leistungsgesellschaft ist Arbeit für alle da und können auch alle etwas leisten. Es ergeben sich zudem Zukunftschancen für außerberufliche Karrieren im sozialen, kulturellen, ökologischen oder politischen Bereich.

Die *Einführung eines Freiwilligen Sozialen Jahrs für alle Generationen* wird immer dringlicher – also nicht nur für Jugendliche und junge Leute, sondern auch für Jungsenioren und Senioren. Auf freiwilliger Basis heißt das natürlich, dass ein solches Angebot attraktiv sein muss, damit es motiviert und engagiert wahrgenommen werden kann. Solche *attraktiven Anreize* (Anerkennungen, Honorierungen, Steuererleichterungen, Vergünstigungen u.a.) müssen bald geschaffen werden – sonst »droht« das soziale Pflichtjahr zur »befohlenen« Versorgung und Betreuung zu werden.

Ein freiwilliger sozialer Dienst wird immer wichtiger, weil sich der Staat – schon aus finanziellen Gründen – aus vielen sozialen Bereichen zurückziehen wird. Etwa jeder zehnte Hauptschüler verlässt derzeit die Schule ohne Schulabschluss und hat auch kaum Chancen, eine Lehrstelle zu finden. Wenn in der neunten oder zehnten Klasse die *Sozialkompetenz durch Projekte mit Ernstcharakter gefördert* würde, hätten diese Absolventen Mut und Motivation genug, um sich vorübergehend sozial zu engagieren. Aus ehemals Un- und Angelernten könnten so vielleicht neue *Assistenzberufe im sozialen Bereich* werden.

Es kommt also alles darauf an, bei der Förderung neuer Freiwilligendienste den Motivationsaspekt vorrangig im Blick zu haben. Statt immer nur von sozialer Verpflichtung zu reden, sollte eher das Gefühl vermittelt werden, an einer wichtigen Aufgabe beteiligt zu sein, einen sinnvollen Beitrag für das Gemeinwohl zu leisten, neue private Kontakte zu finden, sich von der Begeisterung der anderen Freiwilligen mitreißen zu lassen und so mit Freude dabei zu sein: Es macht Spaß und bringt auch Anerkennung, wenn man anderen hilft.

Wo der Pflichtgedanke stirbt, stirbt die Kultur – der kulturpessimistische Satz des Philosophen Eduard Spranger *(5)* wird in der

Welt von morgen neu interpretiert werden müssen: Die Menschen lassen sich nicht mehr vereinnahmen. Sie nehmen sich selbst in die Pflicht und machen aus einer Selbstbetätigung eine Selbstbestätigung: »I did it« und »Ich war dabei!« So gesehen wird in Zukunft die Aussage Sprangers eher durch das Wort des indischen Philosophen und Nobelpreisträgers (1913) Rabindranath Tagore verdrängt: »Ich schlief und träumte, das Leben wäre Freude. Ich erwachte und sah, das Leben war Pflicht. *Ich handelte – und siehe, die Pflicht war Freude.*«

Die Zukunft gestalten

Vor über einhundertzwanzig Jahren beschrieb der amerikanische Schriftsteller Mark Twain in seinem Buch »Bummel durch Europa« einen Waldspaziergang im Schwarzwald an einem Sommertag im Jahre 1880. Er suchte sich ein sonniges Plätzchen, ließ sich dort im weichen Moos nieder, genoss die friedliche Stille und betrachtete den Waldboden. Über das, was er beobachtete, machte er sich so seine Gedanken. Er verfiel dabei in ein langes Grübeln über zwei Ameisen, die sich mit dem Transport eines Grashüpferbeins beschäftigten. Jede hielt ein Ende in ihren Zangen und zog nach Leibeskräften daran. Es kam zu einem Geschiebe und Gezerre mit gegenseitigen Anschuldigungen zwischen Sabotage, Schlägerei und Versöhnung, behindert durch Wurzeln und abgebrochene Zweige. Endlich schienen sie sich auf eine gemeinsame Richtung geeinigt zu haben. Sie schleppten das Bein ein Stück weit, machten ganz unvermittelt kehrt und bewegten sich in die entgegengesetzte Richtung. Sie kamen gut voran und hatten sich offenbar aufeinander eingespielt. In diesem Moment ließen beide ihr Objekt plötzlich fallen – und gingen allein ganz unterschiedliche Wege weiter.

Stimmt das überlieferte Bild von der fleißigen Ameise nicht mehr? Ist dies nicht auch symbolisch für das, was vermeintlich bei der *Suche nach der Welt von morgen* herauskommt – nämlich weitgehende Prognoseunsicherheit? Das ist nur die halbe Wahrheit. Die andere Hälfte der Geschichte besteht nämlich darin, dass die Ameisen doch immer wieder einen Ameisenbau zustande bekommen *(6)*. Am Ende von Versuch und Irrtum, von Anpacken und Loslassen, von Innehalten und scheinbarer Ziellosigkeit stehen doch das Weiterkommen und die Überzeugung, dass es weitergeht. Wer die Zukunftsentwicklung nur negativ sieht, muss die Zukunft erleiden. Wer hingegen positiv dynamisch (nicht blauäugig) nach vorne schaut, kann *die Zukunft aktiv angehen und gestalten* – die eigene wie auch die gesellschaftliche Zukunft.

So lässt sich thesenhaft eine *Zukunftsagenda* mit ganz persönlichen Forderungen formulieren:

- *In der Schule für das ganze Leben lernen*
»Nicht für die Schule, sondern für das Leben lernen wir.« Wenigstens diese alte Weisheit der Römer sollte wieder wörtlich und ernst genommen werden. Aus der Lernschule muss wieder eine Lebensschule werden. Lernfragen sind wichtig, Lebensfragen aber genauso. Viele Schüler haben nach Verlassen der Schule den Kopf voll mit Formeln und Vokabeln, stolpern aber ansonsten ziemlich orientierungslos durch das wirkliche Leben.

- *Die materialisierte Lebenshaltung überdenken*
Erkenne, wann du satt bist. Wir müssen wieder spüren lernen, wann wir hungrig sind – materiell und mental. Tragen mehr Konsumangebote wirklich zu unserem Wohlbefinden bei, oder lassen sie uns aus dem inneren Gleichgewicht geraten? Auch die Konsumgesellschaft muss ihren Anspruch auf Lebensqualität einlösen, wenn sie eine Zukunft haben will.

- *Familienfreundliche Leitbilder schaffen*

Viele Erlebnisangebote fördern das Auseinanderdriften der Familienmitglieder. »Tu was für dich selbst.« »Erlebe dein Leben.« »Verwirkliche deine Träume« – egal, ob Partnerschaft oder Familie darunter leiden. Wie nie zuvor in der menschlichen Geschichte müssen wir in Zukunft mit einer beispiellosen Zunahme der Langlebigkeit rechnen, bei der wir auf das natürliche Hilfspotenzial der Familie angewiesen sind.

- *Für generationsübergreifende Kontakte sorgen*

Der Generationenvertrag alter Prägung steht vor seiner Auflösung. Vor dem aktuellen Hintergrund schrumpfender familialer Netze nehmen in Zukunft auch die Verwandtschaftshilfen ab. Informelle soziale Netzwerke müssen systematisch gefördert und die natürlichen Hilfspotenziale aktiviert werden, damit auch Freunde, Bekannte und Vereinsmitglieder als freiwillige Helfer gewonnen werden können.

- *An soziale Zukunftsvorsorge denken*

Die materielle Vorsorge durch abgesicherte Rente, Wohnung, Haus und Garten kann nur die »halbe Miete« sein. Zur Lebensplanung von morgen gehört auch die mentale und soziale Vorsorge – die Erweiterung des eigenen Interessen- und Aktivitätenspektrums im Umfeld von Bildung, Kultur, Medien, Hobby und Sport in Verbindung mit der systematischen Pflege von Kontakten in Familie, Freundeskreis und Nachbarschaft. Nur so bleibt die persönliche Lebensqualität bis ins hohe Alter garantiert.

Wir brauchen eine überzeugende Vision, wie wir in zehn bis zwanzig Jahren leben wollen. Die von Politik und Parteien gelieferten Konzepte sind bisher mehr notdürftige Korrekturpläne von heute und weniger weitsichtige Visionen für morgen. Visionen müssen doch »identitätsstiftend, motivierend und herausfordernd« *(7)*

sein, also eine positive Grundstimmung erzeugen und Antworten auf die Frage geben: »Was bringt uns voran?« Das kann nur eine *Verantwortungsvision* sein, die mehr persönliche Verantwortlichkeit lässt bzw. wieder zurückgibt und uns gleichzeitig *für gemeinsame Anliegen begeistert.* Eine Illusion kann man zerstören, eine Vision nie.

Die Krise der Erwerbsgesellschaft wird zur Chance für ein neues Arbeitsverständnis, das Beschäftigung für alle garantiert: Die Zukunft der Arbeit wird auch der *Arbeit am Menschen* gehören – dem Helfen, Pflegen, Betreuen, Beraten und Begleiten. Dafür fehlt aber bisher noch ein »geeigneter Bewertungsmaßstab« *(8)*. Wie kann die *Produktivität einer sozialen Hilfeleistung* gemessen werden? Wie hoch ist die Wertschöpfung einer solchen Arbeit am Menschen?

In Zukunft brauchen wir eine *neue Ökonomie des Unentgeltlichen,* wie sie schon der Franzose Bertrand de Jouvenel vor über dreißig Jahren gefordert hat. Der Wohlstand einer Gesellschaft lässt sich nicht länger nur in Geld messen. Produktive unbezahlte Tätigkeiten für sich (z. B. häusliche Arbeiten) und für die Mitmenschen (z.B. soziale Aktivitäten) müssen auch von der volkswirtschaftlichen Gesamtrechnung erfasst werden. Wohlstand und Wohlfahrt einer Gesellschaft können nicht nur quantitativ in einer Vermehrung von Gütern oder einer Steigerung des Lebensstandards gemessen werden. Ein höheres Brutto«sozial«produkt kann auch qualitativ in der Abwendung von sozialen Missständen gesehen werden.

Gemeinschaftskultur auf breiter Basis

In Zukunft muss eine neue Gemeinschaftskultur etabliert und über den *Wert des Sozialkapitals* ernsthafter nachgedacht werden. Im Unterschied zu Geld- und Sachkapital geht es beim Sozialkapital stärker um gesellschaftlich relevante Ressourcen wie Selbstorganisation, aktive Mitarbeit und Eintreten für soziale Belange in Form der Übernahme von Aufgaben in Gruppen und Vereinigungen. Weil Schulen, Jugendzentren, Volkshochschulen oder Altenheime immer noch als *soziale Wüsten* gelten *(9)*, die viel zu wenig zu bürgerschaftlicher Mitwirkung herausfordern, müssten mehr *good-practice-Beispiele* bekannt gemacht und nach- und mitmachbar dargestellt werden.

Mit aktiver Gemeinschaftskultur ist soziales Bürgerengagement auf freiwilliger Basis gemeint, das gesellschaftlich und politisch gefördert, aber nicht organisiert werden darf. Oft ist schon viel geholfen, wenn bürokratische Hürden aus dem Weg geräumt und organisatorische Unterstützung angeboten werden. Konkret: Bereitstellung von Strukturen, Schaffung von Gelegenheiten sowie Möglichkeiten zur Partizipationsaktivierung. Das wäre eine sensible Förderpolitik für eine *Gemeinschaftskultur auf breiter Basis*.

In Analogie zur aktivierenden Sozialarbeit geht das Modell der aktiven Gemeinschaftskultur von der Eigeninitiative der Bürger aus, bei der sich Staat und Gesellschaft auf die Rolle des Förderers und Forderers beschränken. Die klassischen Formen der staatlichen Steuerung, Lenkung und Kontrolle verlieren an Bedeutung. Umso notwendiger werden weiche Formen der Politik wie z. B. Vertrauen und Glaubwürdigkeit, Kommunikation und Überzeugung. Die *Effizienzeinbußen* des Staates in seiner Funktion als Macher und Problemlöser müssen durch entsprechende *Akzeptanzgewinne* in anderen Bereichen ausgeglichen werden, beispielsweise durch verstärkte Kooperation mit öffentlichen und privaten Handlungsträgern. Der Staat agiert hierbei mehr aktivierend.

Niemand wird den Staat in Zukunft aus seiner Verantwortung für die Rentenversicherung, die Pflegeversicherung und die Krankenversicherung entlassen können. Andererseits ist die Nachbarschaftshilfe ein ureigenes Anliegen der Bürger selbst, für das sie auch selbst Verantwortung tragen wollen. Es gibt gesellschaftlich relevante Bereiche, die beide – Staat und Bürger – verantwortlich gestalten sollen: vom Umweltschutz über die Kultur bis hin zur gemeinsamen Übernahme der Erziehungskosten. *Geteilte Verantwortung* muss zum Schlüsselbegriff für das Gemeinwesen im 21. Jahrhundert werden, damit die nachkommenden Generationen eine lebenswerte Zukunft vor sich haben – ganz im Sinn von Giuseppe Tomasi di Lampedusas Werk »Der Leopard«, in dem es heißt: »Wenn wir wollen, dass alles so bleibt, wie es ist, dann ist es nötig, dass alles sich verändert.« *Es gibt nichts Gutes – es sei denn, man tut es.*

Das siebte Gebot

des 21. Jahrhunderts

*Mach dein persönliches Wohlergehen
zum wichtigsten Auswahlkriterium.
Und kauf nur das, was du wirklich willst.*

Werte wichtiger als Waren

Es gab einmal vor über dreitausend Jahren ein kleinasiatisches
Reich mit Namen »Lydien«. Dieses Land wurde damals von einer
großen Hungersnot heimgesucht. Eine Zeit lang ertrug das Volk
die Härten, ohne zu klagen. Als sich aber keine Besserung der Lage
abzeichnete, dachten die Lydier in ihrer Not über einen Ausweg
nach. Sie entwickelten – würden wir heute sagen – einen geradezu
genialen Plan: Der bestand darin, wie Herodot im 1. Buch/Kapitel
94 seiner »Persischen Kriege« berichtete, sich jeweils einen Tag so
vollständig Spielen zu widmen, dass dabei kein Hunger aufkommen konnte, um dann am anderen Tage jeweils zu essen und sich
der Spiele zu enthalten. Auf diese Weise verbrachten sie achtzehn
Jahre. Und in dieser Zeit erfanden sie den Würfel, den Ball und
viele Spiele, die wir heute kennen.

Der Bericht Herodots mag historisch wahr oder erfunden sein, er
weist auf ein interessantes Phänomen hin: Menschen können so
sehr im Spiel aufgehen, dass sie darüber ihren Hunger oder andere

Probleme vergessen. Von spielerischen Tätigkeiten kann eine solche Macht und Faszination ausgehen, dass selbst menschliche Grundbedürfnisse in den Hintergrund gedrängt werden *(1)*. Andererseits wissen wir heute, dass spielerische Tätigkeiten als unproduktiv gelten und keine Gesellschaft lange überleben könnte, wenn ihre Mitglieder sich nur den »Spielen« und nicht auch dem »Brot« widmen würden.

Noch zur Jahrtausendwende liefen Scharen von Gläubigen Selfmade-Weisen, die Selbstverwirklichung predigten, hinterher. Entertainer der Erfolgsgesellschaft verkündeten »die« *Religion des 21. Jahrhunderts.* Dazu gehörten Versprechen von unbegrenzter Energie (Anthony Robbins: »Grenzenlose Energie«) und steiler Karriere (Jürgen Holler: »Jeder kann Karriere machen«), von Erfolgsgarantie (Jörg Löhr: »Jeder kann seinen Erfolg planen«) und finanzieller Freiheit (Bodo Schäfer: »In sieben Jahren zur Million«). »Fitnesspapst« Ulrich Strunz predigte sehr ausführlich, warum man zur *Religion des Laufens* überwechseln sollte. Die inflationäre Verwendung von religiösen Symbolen – Managementtraining als Religion, Motivatoren als Propheten, Events als Eucharistiefeiern – endete schließlich in der Forderung: »*Design yourself*« *(2)*. Vor allem Trendforscher wie Norbert Bolz, Matthias Horx und Peter Wippermann machten »Selfdesign« zum kategorischen Imperativ für Erfolgsmenschen. Im Zeitalter der Ich-AG sollte nur noch der Ego-Kult gelten.

Die Menschen in der westlichen Welt leben seit den achtziger Jahren im Zwiespalt zwischen alten Werten und neuen Märkten: *Waren rangieren vor Werten.* Was z. B. die junge Generation am meisten fasziniert, das sind Waren und Markenzeichen wie z.B. Coca-Cola, Levis und McDonald's, Nike und MTV. Werte, Symbole und soziale Einrichtungen wie Kirche und Religion, Greenpeace und Amnesty International sind deutlich nachgeordnet *(3)*. So droht die Wertekultur gegenüber der Warenkultur beinahe zweitrangig zu werden – mit weltweiter Wirkung: Allein MTV strahlt täglich in 140 Ländern und 17 Sprachen seine Sendungen aus.

Der Psychoanalytiker Erich Fromm hat die *Sinnkrise der westlichen Welt* schon vor über vierzig Jahren auf den Punkt gebracht und das Nachdenken über alternative gesellschaftliche Entwicklungen angemahnt: Die westliche Welt drohe ihre Vitalität und innere Kraft zu verlieren. Sie setze keine Ziele und leiste keine Vorausschau mehr. Wirtschaft, Medien und Politik säßen im Sattel – »und reiten den Menschen« *(4)*. Die Zukunft der westlichen Welt hänge jedoch davon ab, ob es dem Menschen wieder gelinge, sich in den Sattel zu setzen.

Die Menschen in der westlichen Welt drohen ihr *soziales Identitätsgefühl zu verlieren*. Der Individualismus erweist sich dabei nur als Ersatzlösung und schlechte Fassade, hinter der sich vordergründige Identifizierungen verbergen: *Sofort-Kontakte und Sofort-Vertrauen*. Ist der soziale Umgang miteinander wirklich nur noch geprägt von einer weitgehend oberflächlichen Freundlichkeit, unter deren Oberfläche Distanz und Gleichgültigkeit sitzen? Werden soziale Verpflichtungen mehr auf den Staat projiziert, der für Fürsorge, Betreuung oder Pflege zuständig sein soll? Funktioniert der mitmenschliche Zusammenhang nur noch dann, wenn man voneinander Nutzen zieht? *Es fehlt ein einigendes Prinzip des Lebens*, das die Menschen verbindet und die Gesellschaft zusammenhält.

Vieles deutet darauf hin: Die Menschen verlangen zunehmend nach einer neuen Sinnorientierung, die Halt, Beständigkeit und auch Wesentliches in das Leben bringt. Religiosität als Lebensgefühl ist wieder gefragt. Das Problem der westlichen Kultur war ja bisher nicht der Verfall des Religiösen, sondern ist die *Inflationierung des Lebens mit Ersatzreligionen* aus Werbung, Lifestyle und Mode. Dabei spielten moderne Trendagenturen Gott nach dem Motto:

»*Posthuman: Schicksal wird zur Ware*« (6. Deutscher Trendtag in Hamburg). Sie animierten die Verbraucher zum naiven Glauben an das Kultmarketing. Die alten Religionen sollten durch die neuen Götter des Marktes verdrängt werden und Markennamen ein Ersatz für das fehlende Sinnsystem sein.

Vielleicht ist dies auch die Erklärung dafür, warum der individualistisch geprägte Westen zunehmend vom Buddhismus so fasziniert ist: Der Buddhismus ist nicht dogmatisch, erteilt keine Vorschriften und schöpft seine Lehren aus der Erfahrung des Lebens. Viele Menschen in der westlichen Welt übernehmen den Buddhismus aber nicht als Religion, sondern eher als *Therapie gegen den Stress*. Die Verpackung kommt schön tibetisch-asiatisch daher – als in einem exotischen Gewand gehüllte »Religion à la carte«, die als *Light-Version* auf den Verzicht verzichtet und ihn für das eigene Ego verdaulich serviert *(5)*. Eine solche Art von Pseudo-, Neo- oder Light-Buddhismus kommt bequem mit einem *Mini-Glauben* aus.

Von hier aus ist es nicht mehr weit zum Markenkult. Die unbequeme Pflichtethik wird dabei durch die leichte Genussethik ersetzt, moralisch begründet (»Genuss statt Muss«) und dann als *Non-Mühsal-Ethik* wie eine echte Religion verkauft. Wahlfreiheit statt Einheitsbotschaft heißt die Devise. Dazu liefern Trendforscher den entsprechenden »Moral plus«-Effekt, bieten die »rituelle Waschung« des Konsumenten an und garantieren »Ablasscharakter« *(6)* – und wenn es nur der sortierte Joghurtbecher ist, der sauber geputzt zum Recyclingcontainer gebracht wird.

Wie soll sich der Einzelne in Zukunft im *Optionenkarussell* zwischen konkurrierenden Sinnangeboten entscheiden? Wird nicht in einer »Multioptionsgesellschaft« *(7)* das Auswählen aus einer Vielzahl von Sinnangeboten materieller, ideeller oder emotionaler Art selbst zu einem *Puzzlespiel für Sinn-Bastler?* Mit anderen Worten: Alle müssen mitspielen und ihr Lebenskonzept so konstruieren, dass es bis ins hohe Alter Bestand und Sinn hat. Wenn aber fast alles zum Wert erhoben wird, dann gleicht doch die Gesellschaft einem Supermarkt, dessen Waren und Angebote man erwerben, ausprobieren oder auswechseln kann. Und je nach Stimmung und Gefühlslage kann es dann heute ein Fanclub und morgen ein TV-Sender oder eine politische Partei sein.

Periode der Erneuerung

Wir stehen also am Scheideweg: Wir haben entweder eine lange *Phase des Niedergangs* vor uns, oder wir machen eine Periode der Erneuerung durch *(8)*. Einerseits zeigen sich Verfalls- und Niedergangsfaktoren der westlichen Kultur, wenn z. B. die Investitionsrate sinkt, mehr Geld in den Konsum statt in die Bildung fließt, egozentrische Zwecke im Vordergrund stehen und der Unwille wächst, überhaupt noch etwas für die Gesellschaft zu tun, was zwangsläufig einen Bevölkerungsrückgang zur Folge hat.

Andererseits können wir diese Verfallsprozesse aufhalten oder sogar umkehren, wenn wir über wirtschaftliche und demographische Veränderungen hinaus auch zu einer *moralischen Erneuerung* bereit sind. Dazu gehören

- die gesellschaftliche *Aufwertung* von Ehe, Partnerschaft, Familie und Kindern als Grundbausteine der Gesellschaft und als Gegengewicht zur wachsenden Zahl Alleinlebender und Alleinerziehender;
- die soziale *Anerkennung* ehrenamtlicher Engagements und freiwilliger Mitarbeit in Vereinen und gesellschaftlichen Organisationen;

- die grundlegende *Neubewertung* von Arbeit und Leistung, wobei auch unbezahlte Arbeiten für die Gemeinschaft – von der Familienarbeit bis zur Freiwilligenarbeit im sozialen Bereich – in die Bewertung und Berechnung des Bruttosozialprodukts mit einbezogen werden müssen;
- die vorrangige *Förderung* von Bildung und Kultur bei gleichzeitig geringerer Gleichgültigkeit gegenüber religiösen Überzeugungen.

Moralische Erneuerung heißt, sich über eine kulturelle Identität zu verständigen und nach gemeinsamen kulturellen Wurzeln zu suchen. Moralische Erneuerung kann auch Revitalisierung alter Werte bedeuten. Damit verbunden ist eine Besinnung auf Kernwerte, die für das soziale Zusammenleben der Menschen wichtig sind. Für die Zukunft unverzichtbar ist also eine *Verständigung über gemeinsame Werte*.

Zu Beginn des 21. Jahrhunderts zeichnet sich ein Wertewandel mit positiver Grundrichtung ab: *Im Zentrum stehen wieder prosoziale Werte (9)*, die auf ein glückliches Zusammenleben der Menschen ausgerichtet sind. Dazu zählen Hilfsbereitschaft und menschliche Wärme, Freundschaft und Freundlichkeit, Gerechtigkeit und soziale Verantwortung. Verantwortung zählt wieder mehr als persönliche Freiheit: Letzteres hat man. Ersteres vermisst man.

Abschied vom Konsumstress

Feststellbar ist auch eine deutliche *Trendwende im Konsumverhalten*. Ein Zeitalter der Sparmaßnahmen hat begonnen – im privaten genauso wie im öffentlichen Bereich. Die Sehnsucht nach einem schöneren Leben bleibt erhalten, ihre Verwirklichung muss man sich auf Dauer aber auch leisten können. Die Realeinkommen der

Bürger sinken, der erhoffte wirtschaftliche Aufschwung hält sich in Grenzen, und ein Ende der Massenarbeitslosigkeit ist nicht in Sicht. Die schwache Beschäftigungs- und Einkommensentwicklung sorgt für eine entsprechende *Kaufzurückhaltung der Verbraucher*.

Für die Zukunft ist absehbar: Der »Und-und-und«-Verbraucher der achtziger und neunziger Jahre (TV + Videorecorder + Zweitwagen + Urlaubsreise) entwickelt sich immer mehr zum »*Hier-mehr-, dort-weniger*«-*Verbraucher*: zum Beispiel am Wochenende beim Erlebniskonsum nicht auf das Geld achten, dafür zu Hause während der Woche bescheidener leben. Der Verbraucher gleicht einer gespaltenen Persönlichkeit, die das Einsparen ebenso beherrscht wie das Verschwenden. Diese neue Lebenskunst der »Luxese« (mal Luxus, mal Askese) ist allerdings nicht umsonst zu haben: Sie bedeutet *Verzicht auf Mittelmaß*. Sich Qualität und Luxus leisten zu können, aber dafür auch in anderen Bereichen Billigwaren und Opferkäufe in Kauf nehmen zu müssen. Billig und teuer sind für den Verbraucher keine Gegensätze mehr.

Der amerikanische Wirtschaftswissenschaftler John Kenneth Galbraith hat in den fünfziger Jahren eine Gesellschaft im Überfluss wie folgt beschrieben: »Die Familie, die mit ihrem violett-kirschrot abgesetzten Wagen mit Klimaanlage, Automatikgetriebe und Bremskraftverstärker einen Ausflug unternimmt, fährt auf schlecht asphaltierten Straßen durch Städte, die durch Abfälle (…) verunziert sind. Die Ausflügler durchqueren eine Landschaft, die vor lauter Werbeschildern kaum noch zu sehen ist (…) Zum Picknick mit vakuumverpackten Lebensmitteln aus der tragbaren Kühlbox setzen sie sich an einen verdreckten Fluss, und die Nacht verbringen sie in einem Park, der eine Gefährdung für die öffentliche Gesundheit und Moral darstellt. Bevor sie auf ihrer Luftmatratze in einem Nylonzelt mit dem Gestank faulender Abfälle in der Nase einschlummern, wird ihnen vielleicht noch undeutlich die absurde

Ungereimtheit ihrer Segnungen bewusst« *(10)*. Löst die Konsumgesellschaft ihre Versprechungen und Verheißungen nicht ein? Bleiben Produzenten- und Konsumentenethik auf der Strecke?

Oder gilt, was der ehemalige Premierminister Harold Macmillan als Losung ausgab: »Wenn die Leute Moral wollen, so sollen sie sich an ihre Erzbischöfe halten.«? Die Frage nach dem *Bedarf an ethischen Konzepten (11)* für Marketing und Konsum bleibt weiter offen. In Zukunft steht neben der Umwelt- auch die *Sozialverantwortlichkeit der Konsumgesellschaft* auf dem Spiel. Gemeint sind die Verantwortung gegenüber der Natur und die Achtung vor der Menschenwürde. Die Konsumgesellschaft kommt auch in Zukunft ohne eine ethische Komponente nicht aus.

Erlebnismarketing und Konsumethik brauchen sich deshalb nicht gegenseitig auszuschließen. Ganz im Gegenteil: Erlebnismarketing ist in besonderer Weise geeignet, die aus der Erlebnisarmut des modernen Arbeitslebens resultierenden Defizite im arbeitsfreien Teil des Lebens auszugleichen, also wirkliche Lebensbedürfnisse anzusprechen und nicht bloß Lifestylegeschichten zu erfinden. Von dem Schweizer Christian P. Casparis *(12)* stammt die Kritik, der Erlebnismarkt blühe auf dem Mist des menschlichen Selbstbetrugs.

In keinem anderen Lebensbereich kommen Anbieter und Branchen mit der Verwechslung von Wunsch und Wirklichkeit so ungeschoren davon wie beim Erlebniskonsum. Die Konsumenten wollen den Traum, d. h. der Traum soll Wirklichkeit werden, aber dennoch ein Traum bleiben – ein Paradox. Das öffnet der Konsumbranche Tür und Tor für illusionäre Glücksversprechungen, die nicht immer eingehalten, zum Teil auch gar nicht eingelöst werden können. Die Erlebnisindustrie verkauft mitunter Illusionen, weil die Konsumenten den schönen Schein des Lebens auch wollen. Die Gratwanderung zwischen Illusionierung (als Wunsch) und Illusion (als Wirklichkeit) ist schmal.

Der amerikanische Literatur-Nobelpreisträger Saul Bellow sagt uns für die Zukunft ein Martyrium unseres modernen Bewusstseins voraus. Wir erleben eine *neue Form des Leidens*, das wir gar nicht mehr als Leiden erkennen, weil es in der Gestalt von Vergnügungen auftritt *(13)*. In endloser Serie konsumieren wir Dinge, die uns ständig neue Höhepunkte liefern: Alles steht bereit für ein Leben in Bequemlichkeit, mit Tempo und mit Spaß. Und dann gibt es etwas in uns allen, das sagt: Und was jetzt? Und was dann?

Da sitzen wir dann also im Kino, auf der Party oder der Ferieninsel und fragen uns erneut: Was nun? *Nirgends mehr gibt es einen Ruhepunkt*, der mit Sinn und Selbstbesinnung verbunden ist. Doch wenn wir ehrlich sind, dann werden wir doch erdrückt von all den schönen Dingen und wunderbaren Dienstleistungen. In gewisser Weise sind wir ihnen dienstbar und nicht sie uns. Werden wir eines Tages noch die Kontrolle über uns verlieren, weil wir uns in der Gewalt einer riesenhaften Erlebnisindustrie befinden, die sofortige Glückserfüllung verspricht, aber permanenten Konsum meint?

Schon 1915 äußerte der Amerikaner Van Wyck Brooks in seinem Buch »America's Coming-Of-Age« (Amerikas Mündigwerden) die Befürchtung, der Puritanismus könne in Zukunft zu »einem vertrockneten alten Yankee« verkommen *(14)*. Und sechs Jahrzehnte später kam Daniel Bell in seiner Diagnose über die Zukunft der westlichen Welt zu dem Ergebnis, die protestantische Ethik wandle sich zum *psychedelischen Basar (15)*. Das Herzstück der protestantischen Ethik – Arbeit, Sparsamkeit und Genügsamkeit – ginge verloren. Die neuen Wegweiser würden Film, Fernsehen und Werbung sein und eine Art *Pop-Hedonismus* verbreiten, bei der es nicht mehr um die Frage ginge, wie man arbeiten und etwas leisten, sondern wie man Geld ausgeben und Spaß daran haben könne. *Vorankommen* bedeute dann nicht mehr Aufstieg auf der beruflichen Stufenleiter, sondern *Übernahme eines bestimmten Lebensstils* (z.B. durch Mitgliedschaft in einem Club, durch exklusive Hobbys oder teure Reisen), eines Lebensstils also, der einen als Mitglied einer Statusgruppe und Konsumgesellschaft ausweist.

Neue Konsumethik

Erich Fromm hat einmal gesagt: *»Das Wohl des Menschen ist das einzige Kriterium für ethische Werte« (16).* Das heißt: Der Mensch ist zwar das Maß aller Dinge. Gemeint ist aber doch wohl auch der sozialfähige Mitmensch und nicht nur der genussfähige Egoist. Wir brauchen beides: Sozialorientierung *und* Genussorientierung. Das Nachdenken über die Ethik unseres Tuns dürfen wir nicht aufgeben, sonst geben wir uns selbst und unsere Zukunft auf. Es geht also nicht um Askese und Verzicht, sondern eher um ein bewussteres Erleben statt einer bloßen Konsumhaltung des Lebens.

Was wir beispielsweise in den letzten Jahrzehnten an Zeitverkürzung in der Produktion gewonnen haben, drohen wir wieder an Zeitverlängerung in der Konsumtion zu verlieren: die Fortsetzung der Arbeit mit anderen Mitteln, die den Kampf um Arbeitszeitverkürzung zur Farce macht. Konsumverzicht ist sicher keine realistische Zukunftsalternative. Aber es lohnt sich, darüber nachzudenken, ob mancher materielle Luxus wirklich ein persönlicher Lebensgewinn ist. Wenn der Konsument alles bedenkenlos haben »will« und »muss«, verkleinert er letztlich seine individuellen Freiheitsspielräume. Denn: Mehr konsumieren heißt auch mehr arbeiten, mehr verdienen – und weniger Zeit für sich.

Das Hauptrisiko ist schnell gefunden: Sinnentleerung. Die Vorstellungen über einen *Konsum nach Maß* setzen genau hier an. Konkret: Nicht mehr konsumieren um des Konsums willen. Konsumieren sollte mehr *mit subjektiv wichtigen Inhalten gefüllt* werden, die das Leben bereichern und uns persönlich weiterbringen. Es geht um das persönliche Wohlergehen. Im Einzelnen bedeutet dies zum Beispiel:

- *Maßvoll konsumieren*
  Qualität vor Quantität setzen.
- *Bewusst konsumieren*
  Ein eigenes Ziel vor Augen haben.
- *Kritisch konsumieren*
  Genügend Spielraum für eigene Ideen behalten.
- *Genussvoll konsumieren*
  Sich Zeit zum Genießen nehmen – auch ohne schlechtes Gewissen.

Warum soll es in Zukunft nicht möglich sein, *mehr Dinge zu leihen als zu kaufen*: Surfbretter, Ski- und Taucherausrüstungen muss man nicht immer selbst besitzen. Nicht alles, was uns bisher lieb und teuer war, muss käuflich erworben werden. Ansätze einer neuen Konsumethik deuten sich an, die nach dem eigenen Wohlergehen fragt. In Zukunft kommt es darauf an, alles zu fördern, was dem Leben dient, und sich dem entgegenzustellen, was dem Leben schadet.

Etwa sechzig Prozent der Wirtschaftsleistung entfallen heute auf den privaten Konsum. Der Konsument ist zur Schlüsselfigur der Wirtschaftsentwicklung geworden. Und deshalb ist Wirtschaft mindestens zur Hälfte – Psychologie. Wenn die Stimmung bei den Konsumenten nicht stimmt, dann kann auch die Wirtschaft keine Hoffnung schöpfen. Langfristige Konsumprognosen müssen sich von der Psychologie des Menschen leiten lassen, die wie die Natur eine Konstante und daher auch prognostizierbar ist. In Zukunft kann die *Sehnsucht nach einem bescheideneren Leben* genauso erstrebenswert sein wie der Wunsch nach einem bequemeren Leben. Beides ist möglich, wenn die Konsumwelt jeweils die Sinnperspektive nicht aus den Augen verliert.

Die Befürchtungen aus den achtziger Jahren, dass der Konsum Stresscharakter bekommt und ein Opfer des Immer-Mehr wird, müssen sich nicht erfüllen. *Mehr Eigeninitiative als Konsumhaltung* – das wird eher die Leitlinie des Lebens sein. Die Hoffnung wächst, dass die Menschen künftig ihr Leben wieder stärker selbst aktiv gestalten und eigene Ideen und Initiativen entwickeln. Die vorschnelle Gleichsetzung von Konsum mit Passivität wird so nicht Wirklichkeit. Auch in Zukunft wird vieles, was zum Genießen einlädt und Spaß macht, Geld kosten. Daneben aber gewinnen Selbermachen und Selbst-aktiv-Sein wieder an Bedeutung. Und Konsum hört auf, nur Ersatz für ein gutes Lebensgefühl zu sein. In Zeiten knappen Geldes müssen und wollen die Menschen gezielter auswählen und sich beim Geldausgeben bewusster und sparsamer verhalten. *Wertvoll kann in Zukunft das werden, was man nicht teuer erkaufen muss.*

Zukunftsmärkte als Sinnmärkte

Die in den achtziger und neunziger Jahren euphorisch propagierten Individualismus-, Hedonismus- und Erlebnisorientierungen werden den Verbraucher im 21. Jahrhundert nur mehr bedingt charakterisieren können. Die Zeit nach dem 11. September 2001, die andauernden Konjunkturprobleme sowie die finanziellen Auswirkungen der Sozialreformen lassen den so genannten »hybriden« Verbraucher plötzlich in einem anderen Licht erscheinen. Die Zukunft wird zunehmend der Sinnorientierung gehören – realisiert in der Formel: *Von der Flucht in die Sinne zur Suche nach dem Sinn.* Die Sinnorientierung wird zur wichtigsten Ressource der Zukunft und zu einer großen Herausforderung der Wirtschaft werden. Denn mit jedem neuen Angebot muss zugleich die Sinnfrage »Wofür das alles?« beantwortet werden.

Zukunftsmärkte werden immer auch Sinnmärkte sein – bezogen auf Gesundheit und Natur, Kultur, Bildung und Religion. Letztlich geht es um Lebensqualität. *Wertebotschaften statt Werbebotschaften* heißt dann die Forderung der Verbraucher, die sich auch als eine Generation von Sinnsuchern versteht. Von Konsumverzicht will sie wenig wissen, dafür umso mehr von der Werthaltigkeit des Konsums.

> Die beschwerliche Wanderung der Israeliten durch die Wüste, wo kein Leben möglich zu sein schien, war es wert: Es war eine Flucht vor der Abhängigkeit und ein Aufbruch in die Freiheit. Auch wir müssen zeitweilig aus dem Käfig der Konsumkultur ausbrechen und nach neuen werthaltigen Maßstäben Ausschau halten. Und das heißt: Lerne zu lassen, also Überflüssiges wegzulassen. Sinn und Werte können wir nicht einfach kaufen.

Die neuen Sinn- und Wertsucher werden sich vehement *gegen die Instantphilosophie* (»Just do it«) mancher Marketingstrategen zu wehren und sich als Konsumkritiker mit den Globalisierungskritikern zu verbünden wissen. Sie alle haben ein gemeinsames Thema – vom Kampf gegen die Kinderarbeit in der Produktion bis zum Protest der Textilarbeiterinnen in Bangladesch gegen die Ausbeutung. Ihre entscheidende Waffe ist dann nicht der Boykott, sondern das Internet. Sie können so rund um die Welt durch Websites operieren und eine *internationale Basisbewegung* mobilisieren – ganz im Sinn der schärfsten Globalisierungsgegnerin Naomi Klein aus

Kanada, die es für möglich hält *(17)*, dass sich in Zukunft zu den kritischen Konsumenten auch die kritischen Aktionäre gesellen und Gewerkschafter bei McDonald's aktiv werden.

Das
achte
Gebot

des 21. Jahrhunderts

Nutze Krisen im Leben als Chance für einen Neubeginn.
Wenn du wirklich willst, geht es immer weiter.

Zwischen Scheitern und Erfolg

Die Chinesen haben für die Krise und für die Chance ein und
dasselbe Schriftzeichen. Beide Begriffe leben voneinander. In ihnen
spiegeln sich Dynamik, Innovation und Veränderung wider. Und
aus dem Wirtschaftsleben wissen wir: *Risiko ist der Rohstoff der Fi-
nanzmärkte.* In einer Gesellschaft der Sicherheiten, Absicherungen
und Versicherungen zwischen Vollkasko-Angeboten und Rundum-
Sorglos-Paketen nimmt der Reiz des Risikos zu. Natürlich sollen
riskante oder riskant erscheinende Situationen – wie in der Wirtschaft auch – kalkulierbar sein. Schließlich wird Risikobereitschaft
im Berufsleben, insbesondere bei Existenzgründungen, geradezu
gefordert. Und Risiken der Globalisierung, der Informationsgesellschaft oder der Gentechnologie stehen ohnehin im Brennpunkt der
gesellschaftlichen Diskussion. Im Wirtschaftsleben, vor allem in der
New Economy, gilt die Devise: *Risiko macht Spaß.* Risikofreudig sein
und Spaß am Wagnis haben sind Voraussetzungen für unternehmerischen Erfolg – schließen aber auch Scheitern mit ein.

Seit den achtziger und neunziger Jahren breitet sich eine *ganz persönliche Wagniskultur* aus, die Menschen freiwillig Risiken eingehen lässt – meist erst nach der Arbeit, wenn alles getan ist. Gesucht wird z. B. der »Kick« beim Risiko- oder Extremsport. Abenteuer und Risiko, möglichst extrem und in immer neuen Varianten, üben vor allem auf Jugendliche und junge Leute einen großen Reiz aus. Was fasziniert sie so? Die Mutprobe, die Sensationssuche oder die einmalige Grenzerfahrung?

Schon die Römer kannten und liebten den Nervenkitzel. Der Dichter Lucius Livius (284–204 v.Chr.) sprach seinerzeit vom kaum noch erträglichen *Wahnsinn der Gladiatorenkämpfe* in der Arena. Was früher Sklaven zwangsweise ertragen und erdulden mussten, nehmen heute insbesondere Extremsportler gern und freiwillig auf sich. Die Grenzen zwischen Sicherheit und Risiko, Sport und Kampf, Leichtsinn und Wahnsinn sind fließend geworden.

So spannt sich der Bogen bis hin zu TV-Shows wie z.B. »Ihr seid wohl wahnsinnig«, in denen hemmungslos mit den Ängsten von Menschen gespielt wird, die angeblich ganz wild auf Grenzerfahrungen sind. In Wirklichkeit müssen sie sich inszenierten TV-Mutproben mit kalkulierten Adrenalin-Kicks stellen (Moderatorin: »Komm, schrei noch mal!«). Wann gerät der kalkulierte Wahnsinn außer Kontrolle? Kennt »Thrilling« bald keine Grenzen mehr?

In Extremsituationen setzt der Körper Beta-Endorphine frei, die Schmerzempfindlichkeit blockieren und Euphorie auslösen – wie früher beim »gethrillten« Soldaten im Grabenkampf, der high vom Nahkampf zurückkam und gar nicht merkte, wie schwer seine Verletzungen waren. Nach einem tragischen Canyoning-Unfall im Sommer 1999 in der Saxet-Schlucht bei Interlaken in der Schweiz, bei dem 21 Wassersportler zu Tode kamen, gingen Medien und Fachöffentlichkeit auf die Suche nach den Ursachen.

Das Ergebnis war desillusionierend: Auf der Suche nach auffälligen Persönlichkeitsmerkmalen von Bungee-Jumpern, Drachenfliegern und anderen Extremsportlern »stießen die Forscher auf – nichts« *(1)*. Ein weißer Fleck der Risikoforschung.

Das deutsche Wort Risiko hat eine maritime Herkunft und Geschichte. Es ist abgeleitet aus dem griechischen Wort *rhiza* in der Bedeutung *Klippe* und dem volkslateinischen Wort *risicare* als Bezeichnung für *Klippen umschiffen*. Im italienischen *rischiare* bekam es die Bedeutung *Gefahr laufen*, im spanischen *arrisco* und französischen *risque* wurde es schließlich im übertragenen Sinn als *Wagnis/Gefahr* verstanden. Erst nach der Entdeckung Amerikas durch Christoph Columbus tauchte das Wort *Risiko* 1518 im Deutschen in Verbindung mit dem Wort *Abenteuer* auf. Seefahrt und Risikoerleben gehören seit jeher zusammen. Neu hingegen ist, dass sich im Zeitalter der Extreme Risikosportarten ausbreiten.

Betätigungs- und Bestätigungsfelder

Der Arbeitsgesellschaft geht bekanntlich die bezahlte Arbeit aus. Immer mehr Menschen sind gezwungen, nach neuen Betätigungs- und Bestätigungsfeldern Ausschau zu halten, in der sie Herausforderungen und Anforderungen finden. Gesucht wird geradezu eine lebenspraktische Wagniskultur, in der Prinzipien vorherrschen wie etwa

- Freiheit und Selbstbestimmung,
- Spaß am Tun und an einer Aufgabe,
- Lust am Leben und Schaffen,
- Suche nach Grenz- und Erfolgserlebnissen,
- Stolz auf die Anerkennung durch andere.

Der Wagnisbegriff bleibt dabei nicht mehr allein auf den beruflichen Bereich beschränkt – er bekommt Konkurrenz vom außerberuflichen Bereich. Ein vielfältiges *Profilierungsfeld für Wagemutige.*

Schon spricht man in der Sozialforschung von so genannten »Freizeitkarrieren« *(2).* Insbesondere in der jüngeren Generation entwickeln sich zunehmend Qualifikationsprofile als Abenteurer, Sportler oder Globetrotter, die fast professionelle Ansprüche erfüllen und Hobby- und Berufsinteressen miteinander verbinden. Diese *neuen Risikosucher* finden genauso viele Profilierungsmöglichkeiten vor wie die Karrieristen im Beruf: Aufnahmerituale, Leistungsanforderungen, Konkurrenzsituationen, Selbstdarstellungen und Erfolgserlebnisse. Lediglich die gesellschaftliche Anerkennung blieb vielen bisher noch versagt.

Offensichtlich gibt es ein tief verankertes menschliches Bedürfnis, sich riskanten Situationen auszusetzen. Wollen Hormone aus den archaischen Zeiten des täglichen Überlebenskampfes *(3)* dann und wann auch in zivileren Epochen der Menschheitsgeschichte ausgeschüttet werden? Leben nicht ganze Industrien – vom Survivaltrainer über den Geisterbahnbauer bis zum Bungeebetreiber und Veranstalter von Abenteuerreisen – von der Sehnsucht nach Risiko? Zumindest für die Lebensbereiche Freizeit und Urlaub gilt: *Risiko ist nicht die hässliche Schwester der Chance.* Das Risikoerleben im 21. Jahrhundert hat einen Eigenwert bekommen und hat auch etwas mit dem richtigen Leben zu tun. Existenzgründer fordern zu Recht mehr Risikokapital, und Versicherungen sind für die Folgen »kalkulierbarer Risiken« da. Andererseits wird auch eine Art Vollkasko-Mentalität kritisiert – von der Reiseversicherung bis zur sicheren Rente.

Die Risikogesellschaft entlässt ihre Kinder in neue Freiheiten: Früher war beispielsweise das Vorhaben »Mit Familie auswandern« ein großes Wagnis. Wird in Zukunft »Eine Familie haben« ein noch größeres Risiko sein? Die Familiengründung kann im 21. Jahrhundert zum Risikofaktor des Lebens werden. Vielleicht kommt in Zukunft neben Konflikt- und Kritikfähigkeit auch Risikofähigkeit als *besondere Lebenskompetenz* für die nachwachsende Generation hinzu. Die Frage lautet dann nicht mehr nur: »Wie viel Risiko braucht der Mensch?«, sondern auch: »Wie viel Risiko verkraftet der Mensch?« Oder *Risikofähigkeit* wird neu *als positiver Persönlichkeitswert* definiert, der Wagemut und Coolness, Drang nach Neuem und Lust an der Veränderung mit einschließt. So wird das Risiko zur Chance: Wer Risiken als persönliche Herausforderung begreift, wird die Höhen und Tiefen des beruflichen und privaten Lebens besser meistern können.

In der westlichen Welt werden Grenzsituationen im Leben wie Leiden, Krankheit, Siechtum oder Tod weitgehend ausgeblendet, meist rational zu erklären versucht und fast emotionslos hingenommen. Das emotionale Defizit »muss« dann eben auf andere Weise ausgeglichen werden. Jenseits von Not, Schicksal oder auferlegtem Zwang wird ein Leben hart an der Grenze gesucht.

Grenzgänger mit Grenzerfahrungen

»*Grenze*« ist im Deutschen ein Synonym für Rahmen, Schranke und Beschränkung. Eine Grenze wird abgesteckt und muss in aller Regel auch eingehalten werden. Wer hingegen im Berufs- oder Privatleben seine Grenzen überschreitet, der muss mit Sanktionen rechnen. Andererseits gibt es seit jeher so genannte *Grenzgänger*, die in Grenzgebieten arbeiten und leben und daher permanent Grenzen passieren. Im übertragenen Sinn sprechen wir heute auch von *Grenzsituationen*, einer Wortprägung des Philosophen Karl Jaspers (1887–1963), der damit ungewöhnliche Situationen beschrieb, in denen nicht-übliche Mittel und Maßnahmen zu ihrer Bewältigung Anwendung finden. In seiner »Psychologie der Weltanschauungen« aus dem Jahr 1919 nennt er Situationen, die an der Grenze unseres Daseins gefühlt und erfahren werden, Grenzsituationen.

»Solange ich gesund bin und klar denken kann, bin ich unterwegs – als Grenzgänger« (4). Für den Bergsteiger Reinhold Messner war es zeitlebens eine Herausforderung, in Erfahrung zu bringen, was jenseits der Grenzen des Machbaren liegt. Es kam ihm weniger darauf an, ein letztes Tabu vom Dach der Welt zu holen, als vielmehr jenes Tabu zu respektieren, das uns erst zu Menschen macht: *unser Begrenztsein.* Grenzgänger sprengen die Grenzen nicht. Ganz im Gegenteil: Sie machen Grenzerfahrungen und meiden möglichst Grenzüberschreitungen.

Wer beispielsweise in einem Raumschiff die Erde umkreist, gewinnt einen neuen Blick auf die Erde – und sich selbst. Der Physiker Ulf Merbold war schon dreimal im All und brachte ein verändertes Welt- und Selbstbild mit nach Hause:

- Global gesehen hat Merbold begriffen, dass die auf Landkarten eingezeichneten Grenzlinien nur Kopfgeburten von Menschen sind.
- Und ganz persönlich: »Wir kamen alle verändert zurück« *(5).* Ob Russen oder Amerikaner – viele fingen an, Erzählungen und Gedichte zu schreiben oder zu malen: Sie wurden ausgesprochen kreativ.

Extremsportler haben besondere Charaktereigenschaften – wie andere Grenzgänger (z. B. Ernest Hemingway) auch: Sie besitzen eine starke Willenskraft, können Energiepotentiale mobilisieren und streben nach den letzten Grenzen des Machbaren und Erlebbaren *(6).* Sie setzen sich selbst *Grenzmarke*n:

- Sie sind bereit, viel zu riskieren und alles auf eine Karte zu setzen.
- Sie demonstrieren Härte nach außen und gehören doch zu den besonders Sensiblen, die sich verletzlich zeigen oder innerlich *ausgegrenzt* fühlen.

Wo hört das Grenzerleben auf, wo fängt der kalkulierte Wahnsinn an? Vor allem bei Extremalpinisten kommt es nicht selten zu psychotischen Wahnsinnsgefühlen wie z. B. Halluzinationen, Trugbildern, Alpträumen und Panikattacken. Als der österreichische Alpinist Hermann Buhl 1953 den Gipfel des Nanga Parbat erreichte, litt er unter Halluzinationen: »Bin ich schon wahnsinnig? Narrt mich ein Spuk?« *(7)*. Und auch Messner klagte über den Verlust des Gleichgewichts-, Orientierungs- und Zeitsinns: »Plötzlich hatte ich das Gefühl, als runde, durchsichtige Wolke hinter mir herzuschweben. Ich war völlig schwerelos ...« *(8)*. Das Wahnsinnsgefühl half offensichtlich, die Strapazen zu überstehen oder Angstempfindungen zu verdrängen.

Seit Jahren boomen Bücher mit Risiko-, Krisen- und Katastrophen-Schilderungen. Jan Krakauer mit seinen Bestsellern »Über eisige Höhen« und »In die Wildnis« gilt geradezu als Pionier für eine neue Art von Lesetortur: Im Mittelpunkt stehen von Sicherheit und Alltagstrott abgestoßene Abenteurer, die den Ausbruch wagen und sich unter extremen Bedingungen selbst bewähren und beweisen wollen. Sie verstehen sich keineswegs als ziel- und orientierungslose Traumtänzer. Ganz im Gegenteil: *Sie wollen leben – und zwar so intensiv wie möglich.*

Vom Risikoerleben zur Wagniskultur

Menschen, die sich freiwillig Risiken aussetzen, beweisen nicht nur ein *großes Selbstvertrauen*, sondern auch ein größeres Vertrauen in die Dinge, die ihnen Sicherheit versprechen. Sie wirken waghalsig, obwohl sie sich sicher fühlen. Ihre Sinne sind dabei voll angespannt. Sie wissen um die Allgegenwart der Gefahr und begegnen ihr positiv: »Meine denkwürdigsten und in einem gewissen Sinn auch genussreichsten Kletterfahrten spielten sich im Sturm und im Schneegestöber ab« *(9)*. Risikosportler durchleben das gesamte Gefühlsspektrum von großer Angst bis zu tiefer Freude. Sie suchen die persönliche Herausforderung und halten wenig vom nur ruhigen und beschaulichen Leben. Sie wollen beides: *Sicherheit und Geborgenheit und zugleich Risiko und Gefahr.*

Für den Psychologen Michael Apter ist das freiwillige Eingehen von Risiken auch eine Voraussetzung für die Weiterentwicklung von Kultur und Gesellschaft: *Pioniere und Neuerer müssen Risiken eingehen (10)*. Entdecker, Forscher und Künstler leben seit jeher nach diesem Lebensprinzip. Wo Neugier, Innovationsgeist und Unternehmungslust erlahmen oder unterdrückt werden (z. B. in totalitären Systemen) ist das gesellschaftliche Überleben infrage gestellt (vgl. z.B. den Untergang des kommunistischen Systems).

> Ein Hauptmotiv für den Wagemut ist die menschliche Neugier. Auch Moses war neugierig: »Da dachte Moses: Ich will doch hingehen und dieses seltsame Schauspiel betrachten, warum der Dornbusch nicht verbrennt« (Exodus 3,3). In dieser Neugier liegt eine Kraft, die der Sache auf den Grund gehen will. Das will ich wissen! Wo ein Wille ist, ist auch ein Weg. Nicht zufällig haben »Weg« und »Wagnis« die gleiche Wortwurzel.

Extremsportler sind Grenzgänger in Grenzsituationen, die aus freien Stücken Grenzen berühren. Grenzgänger wollen *Erfolgsmenschen und keine Aussteiger* sein. Empirisch lässt sich nachweisen, dass solche extremsportlichen Grenzgänger eher jung, ledig und höher gebildet sind. Sie fühlen sich frei und weitgehend unabhängig, brauchen keine Rücksicht auf Familie und Kinder zu nehmen und können daher auch mehr wagen. Infolgedessen sind z. B. unter den Jüngeren sowie Ledigen dreimal so viel Bungee-Jumper vertreten wie in der übrigen Bevölkerung. Und unter Freeclimbern sind Hochschul- und Universitätsabsolventen überrepräsentiert.

Bei allen Risiken und Gefahren, die mit der Ausübung des Extremsports verbunden sind, darf nicht die damit einhergehende große *psychotherapeutische Wirkung* übersehen werden, die Schlimmeres im Bereich von Aggressivität, Gewalt und Vandalismus verhüten hilft. Extrem- und Risikosport *kompensieren wirksam Sinndefizite des Alltags*lebens: »Immer derselbe Rhythmus – das ist sehr lange ein bequemer Weg. Eines Tages aber steht das ›Warum‹ da, und mit diesem Überdruss, in den sich Erstaunen mischt, fängt alles an« *(11)*. Der traditionell »schöne Sport« *(12)* verändert sich, aber er stirbt nicht. Und solange Autofahren in Deutschland gefährlicher als die Ausübung mancher Risikosportart ist, gilt George Bernhard Shaws Wort, der – als er die Fehlmeldung von seinem Tod in der Zeitung las – an die Redaktion telegrafiert haben soll: »*Nachricht von meinem Tode stark übertrieben.*«

In unserer Leistungsgesellschaft werden Wagniskulturen überwiegend positiv bewertet. Sie bilden die Basis für eine Gründerzeit mit einer Welle neuer Unternehmensgründungen. Die gesellschaftspolitische Zielsetzung ist klar. Die ganz persönlichen Erfahrungen aber schwanken zwischen Gründungseifer und Selbstüberschätzung. Alle Übrigen scheuen das *Risiko des Unternehmers*. Als Angestellter kann man doch sehr viel mehr die finanzielle Sicherheit und auch die Regelmäßigkeit der Arbeit (und des Einkommens) genießen. Man braucht sich nicht so zu belasten; das Risiko trägt ja letztlich »der Chef«. Und im Übrigen gilt die Erfahrung: Es gibt zu viele Pleiten! Warum also soll man große Risiken eingehen?

Als abhängig Beschäftigter sind einem in der Regel ein langes Wochenende, die 40-Stunden-Woche sowie ein 30-Tage-Urlaub sicher. Selbstständige und Unternehmensgründer müssen hingegen *auf viel Freizeit und Urlaub verzichten.* Weniger Freizeit und Urlaub aber heißt auch weniger Lebensqualität. Viele verzichten daher auf berufliche Selbstständigkeit und entwickeln eine *neue Lebenskunst,* die kompensatorischen Charakter hat: Selbstständigkeit und Selbstentfaltung im Beruf werden weitgehend durch mehr Selbstständigkeit und Selbstentfaltung nach Feierabend wieder ausgeglichen. Diese spezifische Lebensqualität besteht einmal in der

- *Selbstständigkeit,* also der persönlichen Freiheit, die frei verfügbare Zeit selbst bestimmen und einteilen zu können. Was an Selbstständigkeit in der abhängigen Beschäftigung des Angestelltendaseins verloren geht, wird nach dem geregelten Feierabend zum Zeit- und Freiheitsgewinn. Hinzu kommen bessere und vielfältigere Möglichkeiten der
- *Selbstentfaltung,* also die Chance, jederzeit Tätigkeiten ausüben zu können, die einen persönlich bereichern und erfüllen – im Sport, beim Hobby, auf Reisen oder im sozialen Engagement.

Nicht-Selbstständige haben und genießen beides. Sicherheit *und* Freiheit – mit einem wesentlichen Unterschied: Sie müssen sich oft *zweiteilen im Leben* und in der Arbeit eine andere Rolle spielen als im arbeitsfreien Teil des Lebens. Wenn alles (an Arbeit) getan ist, fängt für sie das Leben erst richtig an.

Kultur des kreativen Scheiterns

Für die Zukunft gilt: Eine ernst gemeinte Kultur der Selbstständigkeit muss es sich zur Aufgabe machen, *jedem eine zweite Chance* zu geben, d. h. die Chance, noch einmal neu anzufangen. In der Bildungspolitik wird deshalb zu Recht von einer *Kultur des kreativen Scheiterns* gesprochen, die geradezu ermutigt, immer wieder neu anzufangen, ohne Sanktionen, Diskriminierung oder Stigmatisierung befürchten zu müssen. In der Risikogesellschaft des 21. Jahrhunderts werden Risiko und Normalität neu definiert: »Riskante Freiheiten = normale Risiken« *(13)*. Dies charakterisiert eine faire Existenzgründungspolitik, die die neue Gründergeneration mit so viel Freiheit (wie möglich) und so viel Risiko (wie nötig) tätig werden lässt. Die ganz persönlichen Erfahrungen der Existenzgründer deuten aber noch in eine andere Richtung. Realistisch wird festgestellt: »Man steht mit dem einen Bein in der Irrenanstalt, mit dem anderen im Sozialamt.«

Junge Existenzgründer sind auf *Wagniskapitalgeber (Venture-Kapitalisten)* angewiesen, die von ihnen zwar kaum mehrjährige Businesspläne, dafür aber Ideen und Innovationen erwarten können. Existenzgründer brauchen Startkapital, wie es Adam Smith schon vor über zweihundert Jahren in seiner »Untersuchung über das Wesen und die Ursachen des Wohlstands der Nationen« gefordert hat: Es kann sich ein Weber erst dann einer besonderen Beschäftigung vollständig widmen, wenn entweder er selbst oder ein anderer im Voraus Kapital angesammelt hat, von dem er leben kann und aus dem er mit Rohmaterialien und Handwerkszeug so lange versorgt wird, bis er sein Tuch gewebt und vor allem auch verkauft hat. Eine weitsichtige Analyse des schottischen Moralphilosophen.

Auch die Teilnahme an *Existenzgründungskursen* ist sinnvoll. Sehr hilfreich kann in diesem Zusammenhang das »Start Up Counselling«-Angebot der Fernuniversität Hagen sein, das als berufsbegleitendes Fernstudium durchgeführt wird. Hier werden die *Berater von Unternehmensgründern* qualifiziert, wozu u. a. die Beurteilung von Gründungsideen, die Entwicklung von Trainingsprogrammen und Coachingstrategien, Didaktik der Gründerqualifizierung sowie Grundlagen der Gründungsförderung gehören.

Erste berufliche Negativerfahrungen in der Existenzgründungsphase schärfen den Realitätssinn vieler junger Leute. Jeder zweite Jungunternehmer *(14)* hat den *Glauben an das schnelle Geld verloren* und empfiehlt allen, die Gleiches vorhaben, rechtzeitig von unrealistischen Vorstellungen Abschied zu nehmen. Sonst kann es zu gravierenden Fehleinschätzungen der Marktentwicklung kommen. Erfahrungswerte aus der Praxis *(15)* weisen nach:

- Existenzgründer scheitern häufig an zu geringen kaufmännischen Kenntnissen.
- Existenzgründer machen zu wenig von Expertenratschlägen (z. B. von Branchenkennern, Juristen, Steuer- und Unternehmensberatern) Gebrauch.

Die Ursachen sind meist Selbstüberschätzungen. Die Realität kann dann den ganzen Elan und unternehmerischen Tatendrang zunichtemachen. Allen künftigen Existenzgründern kann man nur als Empfehlung mit auf den Weg geben: *Seht euch nach potenziellen Verbrauchern und nicht nach Jobs um (16).* Denn nur, wenn man etwas tun oder herstellen kann, wofür andere zu zahlen bereit sind, wird man sich eine tragfähige berufliche Existenz schaffen können.

Die Sichtweise des Auslands »Wer in Deutschland scheitert, gilt als Versager« muss als das entlarvt werden, was es ist: ein Klischee. Auch bei uns kann jeder für sich eine positive Krisenkultur entwickeln, ja eine *Kultur des Scheiterns*. Und das kann auch heißen: stolpern, aufstehen, weitermachen. Veränderungen und belastende Situationen gehören nun einmal zum täglichen Leben. Sie müssen als Herausforderungen angenommen werden, bevor sie zum Notfall werden. In Japan gibt es ein Sprichwort, wonach die Menschen wenig von ihren Siegen, aber viel von ihren Niederlagen lernen. Daher gilt es: Turbulenzen im Leben standhalten, Krisen als Chancen wahrnehmen, bei denen man viel über sich selbst erfahren kann, sowie aktiv und offensiv nach Lösungen und Perspektiven Ausschau halten. *Dann geht es immer weiter!*

Das neunte Gebot

*Suche die Halt- und Ruhepunkte
deines Lebens wieder.*

Früher bestimmte das Sonnenzeitmaß die Geschwindigkeit des täglichen Lebens. Es begann mit dem Aufgang, und es endete mit dem Untergang der Sonne. Man stand mit dem ersten Hahnenschrei auf und ging mit den Hühnern schlafen. Im Winter wurde mehr, im Sommer weniger geschlafen. Es war ein Leben mit den Naturzyklen zwischen Tag-, Nacht- und Jahreszeiten. Zeit war kein Thema, sondern ein Gottesgeschenk.

Etwa *seit dem 17. Jahrhundert* »läuft« *die Zeit* im wahrsten Sinn des Wortes *schneller*. Das Gefühl kommt auf, dass einem die Zeit davonläuft. Insbesondere seit der Reformation wird den Menschen bewusst, dass sie mit der subjektiv als kostbar empfundenen Zeit »sparsam« umgehen sollen. Zeit wird zur knappen Ware und im Zeitalter der Frühindustrialisierung mit Geld verrechnet: »Time is money«. Die Beschleunigung der Lebensverhältnisse beginnt. Zeit wird durch die Pausenlosigkeit des *Immer* und Raum durch das Prinzip des *Überall* ersetzt. Von der Sesshaftigkeit befreit können die Menschen jetzt alles überall und jederzeit tun: Sie fangen nicht mehr an. Sie hören nicht mehr auf *(1)*. Sie tun immer mehr zur gleichen Zeit.

Bevor das englische Wort *speed* die heutige Bedeutung Schnelligkeit bekam, bezeichnete es im Altenglischen Erfolg und Wohlstand. Man wünschte sich seinerzeit *good speed* und meinte »viel Erfolg«. Heute heißen Drogen, die den Herzrhythmus beschleunigen und ein rastloses Gefühl von Aufregung und Energie auslösen, im Slang »Speed«. Gemeint sind Amphetamine, die auch Hochleistungssportler konsumieren, um *noch schneller* zu werden.

Der Sciencefiction-Autor H. G. Wells hat schon in seiner Kurzgeschichte von 1901 »Der neue Akzelerator« diesen Beschleunigungswahn vorwegempfunden: Stellen Sie sich vor, Sie besäßen so eine kleine Phiole. Und in dieser Phiole liegt die Macht, doppelt so schnell zu denken, sich doppelt so rasch zu bewegen, in einer bestimmten Zeit doppelt so viel zu arbeiten wie sonst *(2)*. Dieser Beschleuniger des Lebens, der neue Akzelerator, würde Effizienz, Macht und Überlegenheit zur Folge haben. Der *Akzelerator* von heute sind wir selbst. Das 21. Jahrhundert machen wir zum »*Speed Age*« *(3)*, zum Hochgeschwindigkeitszeitalter, in dem wir rasant am Gestern oder Vorgestern vorbeirauschen.

In Zeiten der Fernbedienung und des Zappens durch Programme spielt sich das Leben immer mehr auf der Überholspur ab. Aus Aktivität wird Hyperaktivität, aus Schnelligkeit Schnelllebigkeit: Ein Leben zwischen Turbo-Kapitalismus und Non-Stop-Gesellschaft. PC und Internet führen das fort, was mit der TV-Fernbedienung begonnen hat. Seither können wir permanent von hier nach dort springen, das Ende mit der Mitte und dem Anfang vertauschen. Die Fernbedienung hat sich geradezu zu einer Zuschauer-Waffe entwickelt. Und die TV-Macher wissen dies und nutzen die Fernbedienung als *Sofortumfragegerät*, mit dem pausenlos die Stimmung, die Spannung oder die Langeweile, die Zufriedenheit oder die Unzufriedenheit gemessen und überprüft werden können *(4)*. Gleicht unsere heutige Zeit wirklich, wie dies der Philosoph Peter Sloterdijk vermutet *(5)*, einem gigantischen *Mobilmachungsunternehmen*, einem Produkt aus Unbewusstheit plus Höchstgeschwindigkeit?

Tempowahn und Beschleunigungsfalle

Seit über fünfzig Jahren favorisiert die Bevölkerung beim Medienkonsum Fernsehen, Zeitunglesen und Radiohören. Daran hat sich bis heute nichts geändert: Fernsehen, Zeitunglesen und Radiohören stellen nach wie vor die am meisten genannten Beschäftigungen dar. Die überwältigende Mehrheit der Bevölkerung hält an ihren alten Konsumgewohnheiten fest. Für Neuheiten auf dem Medienmarkt fehlt den meisten – daran haben die wenigsten gedacht – auch die nötige Zeit. Sozialforschungen weisen nach, dass die intensive Multimedia-Nutzung in der privaten Lebensgestaltung *keine Zeitspareffekte* hat, vielmehr entgegengesetzt im Sinn einer *Zeitfalle* wirkt. Die Interaktion mit Multimedia »vereinnahmt« unsere Zeitressourcen. Die Folgen sind Stress und chronische Zeitnot.

Die Zeitforschung hat für dieses veränderte Zeiterleben vielfältige Bezeichnungen: *Tempowahn. Beschleunigungsfieber. Geschwindigkeitsrausch* – beinahe pathologisch anmutende Begriffe, die auch in das Wirtschafts- und Arbeitsleben Einzug halten. Der Kurzlebigkeit von Konsumprodukten entsprechen die immer kürzeren Lebenszyklen der Produktherstellung. In den letzten zwanzig Jahren haben sich die Entwicklungszeiten für ein neues Automodell von 60 Monaten auf etwa 25 Monate um mehr als die Hälfte verkürzt. Unbeantwortet blieb hingegen die Frage, *wohin wir uns eigentlich beschleunigen*. Sind Beschleunigungsprozesse endlich oder gehen sie unendlich weiter?

Zumindest im Konsumentenverhalten deuten sich Grenzen an. Die Modellfolge japanischer Autos ist mittlerweile so schnell geworden, dass Konsumenten gar nicht mehr in der Lage sind zu beurteilen, welches Modell aus welchem Produktlebenszyklus stammt *(6)*. Die *Beschleunigungsfalle* droht: Die Beschleunigung von Produktkäufen wird zeitlich mit dem Verzicht auf die künftige Nachfrage erkauft.

Internationale Vergleichsstudien *(7)* weisen nach:

- Je produktiver die Wirtschaft eines Landes ist, desto höher ist sein Lebenstempo.
- Je industrialisierter ein Land ist, desto weniger freie Zeit bleibt den Menschen.
- Je mehr zeitsparende Maschinen es gibt, desto mehr stehen die Menschen unter Zeitdruck.
- Je urbaner ein Lebensumfeld ist, desto schneller bewegen sich die Menschen vor Ort.

In Gesellschaften mit stark ausgeprägtem Individualismus dominieren *Zeit-ist-Geld-Einstellungen* und ist der Zwang überdurchschnittlich groß, jeden Augenblick irgendwie zu nutzen. Individualisierte Kulturen legen *mehr Wert auf Leistung als auf Zusammengehörigkeit*. Das Phänomen der Zeitnot breitet sich weltweit aus. Wenn dies so bleibt, dann könnte die Zeit in naher Zukunft das werden, was das Geld bis in die neunziger Jahre gewesen ist. Wie wird dann das zunehmende Lebenstempo die Lebensqualität der Menschen beeinflussen?

Der von Zeitnot und Eile geprägte Lebensrhythmus wird sich insbesondere auf das soziale Wohlbefinden der Menschen auswirken. Nachweislich gibt es einen *Zusammenhang zwischen Zeiterleben und Sozialverhalten*. Das rasche Lebenstempo in den Städten führt beispielsweise dazu, dass die Menschen mit mehr Sinnesdaten überhäuft werden, als sie persönlich verarbeiten können. Die Folge ist eine Art psychische Überlastung *(8)*, weshalb die Überlasteten bzw. Überforderten dazu neigen, alles auszublenden, was für ihre persönlichen Ziele nicht von Bedeutung ist. Konkret: Sie nehmen sich weniger Zeit und haben auch nicht die Geduld dazu, sich um Menschen zu kümmern, die in ihrem Leben nur eine marginale Rolle spielen. So sollen z. B. New Yorker überwiegend nur dann zu Hilfeleistungen bereit sein, wenn von vornherein geklärt ist, dass daraus keine weitere Verpflichtung entsteht: »Ich erfülle meine soziale Pflicht – aber damit wir uns nicht falsch verstehen: Weiter geht es auf keinen Fall« *(9)*.

Medien als Beschleuniger

Wie viel Beschleunigung kann der Mensch in Zukunft noch ertragen? Die junge Generation wächst in einer Zeit beschleunigten sozialen Wandels auf. Bei diesem Tempo wird es für sie immer schwieriger, nicht aus dem Gleichgewicht zu geraten. *Die Medien agieren dabei als Beschleuniger* und lassen Kinder und Jugendliche glauben, sie kämen dauernd zu spät. Dies ist ein Phänomen in allen westlichen Industrieländern, wofür der amerikanische Ökonom Edward Luttwak den Ausdruck »Turbo-Kapitalismus« prägte *(10)*. Gemeint ist damit die außergewöhnliche Geschwindigkeit der gesellschaftlichen Veränderung als Folge der Globalisierung der Wirtschaft. Das gesamte soziale Leben wird diesem schnellen technologischen Wandel untergeordnet – vom Verlust des Arbeitsplatzes über die Auflösung sinnstiftender Gemeinschaften bis zum Bedeutungsverlust der Familie. Dieses horrende Tempo wird zum Trauma für einen Großteil der Bevölkerung. Immer mehr Menschen können bei diesem Entwicklungstempo nicht mehr mithalten; sie resignieren oder verweigern sich dieser Hektik.

Ganz anders das Verhalten der jungen Generation, die spontan sein will und *Instant-Reaktionen* nicht scheut. Wer in der Jugend ›in‹ und auf der Höhe der Zeit sein will, muss permanent Mobilität und Flexibilität unter Beweis stellen. Im internationalen Wettbewerb verändert sich nachweislich das Warenangebot so schnell, dass selbst Dreißigjährigen die Konsumwelt von wenige Jahren jüngeren Teenagern fremd ist. *Unterhaltungs- und Computerelektronik überfordern das Verständnis (11).* Bei diesem beängstigenden Lebenstempo bleiben viele Menschen auf der Strecke, weil sie der Hetze und dem Erwartungsdruck auf Dauer nicht gewachsen sind.

Vor über vierzig Jahren hat der kanadische Medienforscher Marshall McLuhan die Formel von der Welt als globalem Dorf geprägt: In der von ihm beschriebenen neuen Welt des globalen Dorfes würden die Menschen plötzlich zu nomadischen Informationssammlern – so nomadisch und so informiert wie noch nie. Mit der Globalisierung lösten sich zunehmend alte Gegensätze von Raum und Zeit, von Arbeit und Freizeit auf. Im elektronischen Zeitalter müssten die Menschen neu leben lernen, weil sich die Maßstäbe und das Tempo des Lebens grundlegend veränderten *(12).* Jetzt ist es offensichtlich so weit.

Computer und Medien, Telekommunikation und Unterhaltungselektronik wachsen immer mehr zusammen. Der Einsatz der neuen Technologien entscheidet über die Wettbewerbsfähigkeit von Unternehmen. Die Informations- und Telekommunikationsmärkte werden weltweit als Hoffnungsträger und Impulsgeber für Produktivitätszuwachs und mehr Beschäftigung angesehen. Alle müssen sich bewegen.

Eigentlich müssten wir heute Besucher und Zuschauer in Kinos und vor den Bildschirmen auffordern: »Bleiben Sie auf Ihren Plätzen, bis der Film zu völligem Stillstand gelangt ist« – eine Aufforderung wie im Flugzeug, wenn die Triebwerke noch nicht abgeschaltet sind. Das Gefühl für Muße im Sinn von Zeitwohlstand geht zunehmend verloren. *Muße ist Zeit ohne Uhr (13)*. Der Eindruck entsteht: Der moderne Mensch will einen 48-Stunden-Tag haben, abends schon die Zeitung von morgen lesen, vier Jahreszeiten an einem Tag erleben, möglichst jeden Tag jemand anders sein oder spielen und am liebsten *in einer Endlos-Serie leben*. Immer getrieben von der Angst, vielleicht im Leben etwas zu verpassen …

Psychologische Grenzen der Schnelllebigkeit

Jeden Morgen wacht in Afrika eine Gazelle auf. Sie weiß, sie muss schneller laufen als der schnellste Löwe, um nicht gefressen zu werden. Jeden Morgen wacht in Afrika aber auch ein Löwe auf. Er weiß, er muss schneller als die langsamste Gazelle sein. Sonst würde er verhungern. So gesehen ist es eigentlich egal, ob man ein Löwe oder eine Gazelle ist: Wenn die Sonne aufgeht – musst du rennen! Weltweit gilt diese Geschichte als *Symbol einer Nonstop-Gesellschaft (14)*, in der Zeit-Optimierung und Speed-Management, Rast- und Ruhelosigkeit den Ton angeben. Alles muss schneller gehen: das Essen, das Fernsehen, das Bücherlesen. *Bigger. Better. Faster. More* – eine multioptionale Konsumgesellschaft verspricht grenzenlose Steigerungen. Immer mehr läuft rund um die Uhr: Radio, Fernsehen, Shoppingcenter …

»Mehr tun in gleicher Zeit«: Mit dieser Formel lässt sich ein Wandel in den letzten Jahrzehnten beschreiben, der unseren Aktivitäten zunehmend den Stempel der Hektik aufdrückt. Immer mehr Beschäftigungen werden im Fastfood-Stil bzw. zeitgleich erledigt. Die Schnelllebigkeit nimmt überall zu. Für zeitaufwendige Beschäftigungen bleibt uns immer weniger Zeit (oder richtiger: nehmen wir uns weniger Zeit). Ob Beschäftigung allein, mit dem Partner oder mit den Kindern – *alles, was über zwei Stunden dauert, stagniert oder geht zurück.* Wir sind heute für viele Tätigkeiten aufgeschlossen – solange sie nicht über zwei Stunden dauern. Das bekommt auch der Partner zu spüren: Die gemütlichen Drei-Stunden-Abende zu Hause mit dem Partner werden seltener.

Wir leben im Zwei-Stunden-Takt. Spätestens alle zwei Stunden wollen wir etwas Neues erleben. Ohne uns lange niederzulassen, springen wir von einem Ereignis zum anderen. Sieht so unsere Zukunft aus? Am Donnerstagabend Kinohopping, am Freitagnachmittag Frustrationseinkäufe – drei CDs und zwei Bücher und dann keine Zeit mehr, sie zu hören und zu lesen. Am Wochenende zwei Einladungen und Besuche und im nächsten Urlaub oft wechseln und kurz bleiben?

Der Erlebniskonsument kommt eigentlich immer zu spät. Seine Jagd nach Glück beschert ihm ein Leben mit Tempo und mit Spaß. Immer auf der Suche nach schnellen Sensationen kann er nie lange bei einer Sache verweilen. Die Sucht nach Spaß gewährt dem unter Zeitnot leidenden Konsumisten nur flüchtigen Genuss: TV-Hopping, Kino-Hopping, Party-Hopping, Island-Hopping … und dann ganz schnell wieder weiter. Am Ende hoppt der Mensch nicht nur durch Konsumlandschaften, sondern durch das ganze Leben selbst: »Heute hier – und morgen fort«.

Die Zeit zerrinnt zwischen den Fingern. Statt im Überfluss der Zeit zu baden, setzt sich der Erlebniskonsument dem rastlosen Konsumdruck aus. Mögliche erfüllte Zeit verwandelt sich in »verdünnte Zeit« (Max Frisch in »Homo Faber«). Und die vermeintliche Frei-Zeit erweist sich dabei als semantische Falle, die lediglich Wahlfreiheit gewährt und Hast und Hektik eskalieren lässt. So wird die Zeitfreiheit zur Zeitfalle.

Im 21. Jahrhundert hat die westliche Erlebniskultur mit dem *Wahn des Übermaßes* zu kämpfen. Vielleicht hat Blaise Pascal, selbst vom »Elend des Menschen ohne Gott« überzeugt, schon vor über dreihundert Jahren den heutigen Erlebniswahn vorweg empfunden *(15)*: »Kein Übermaß ist sinnlich wahrnehmbar. Zu viel Lärm macht taub; zu viel Licht blendet; was zu weit ist und zu nah ist, hindert das Sehen ... Das Übermäßige ist uns feindlich und sinnlich unerkennbar. Wir empfinden es nicht mehr, wir erleiden es.«

An der Schnelllebigkeit überrascht nicht, dass alles immer schneller wird, sondern dass der Tempowahn langsam an seine psychologischen Grenzen stößt, d. h. an seine Verarbeitungsfähigkeit. Die Beschleunigung überholt den Menschen geradezu. Mit den Tempo-Vorgaben der Gesellschaft kann er kaum Schritt halten. So kommt der Wunsch auf, Wege in eine neue Zeitkultur zu ebnen und zu gehen: In der modernen Zeitforschung wird von *Chillout* gesprochen, wenn das Ausklingen der Drogenwirkung oder die Zeit nach einem Rave, um sich auszuruhen, gemeint ist. Dahinter verbirgt sich die Erfahrung, dass nach Zeiten der Anspannung auch Zeiten der Entspannung folgen müssen, was für die *Nonstop-Beschleunigten* und *Dauer-Mobilisierten (16)* ein Problem ist.

Wege in eine neue Zeitkultur

Wir haben heute beim Lesen arabischer Märchen beständig das sehnsüchtige Gefühl: »Diese Leute haben Zeit! Massen von Zeit! Sie können einen Tag und eine Nacht darauf verwenden, ein neues Gleichnis für die Schönheit einer Schönen oder für die Niedertracht eines Bösewichts zu ersinnen! Sie sind Millionäre an Zeit!« Das schrieb Hermann Hesse am 28. Februar 1904 in der Neuen Züricher Zeitung. Hesse lieferte die Begründung gleich mit: »Wenn ich nicht im Grunde ein sehr arbeitsamer Mensch wäre, wie wäre ich je auf die Idee gekommen, Loblieder und Theorien des Müßiggangs auszudenken.« In der Tat: *Der geborene Müßiggänger denkt nicht über Muße nach, er hat sie.*

Die Kunst des Faulenzens, das Nichtstun mit Methode und großem Vergnügen zu pflegen, ist im Industriezeitalter der letzten hundert Jahre außer Übung geraten. Hunger und Sehnsucht nach Zeit fanden noch Ende des 19. Jahrhunderts in Richard Dehmels Gedicht »Der Arbeitsmann« (1896 vom »Simplicissimus« als das »beste sangbare Lied aus dem deutschen Volksleben« preisgekrönt) ihren sinnfälligen Ausdruck:

Leben im 19. Jahrhundert

Wir haben ein Bett, wir haben ein Kind, mein Weib!
Wir haben auch Arbeit, und gar zu zweit.
Und haben die Sonne und Regen und Wind.
Uns fehlt nur eine Kleinigkeit,
Um so frei zu sein, wie die Vögel sind:
Nur Zeit!

Heute könnte das Gedicht so lauten:

Leben im 21. Jahrhundert

Wir haben ein Auto und viele Freunde, mein Weib!
Wir arbeiten viel und wohnen allein –
und manchmal auch zu zweit.
Und haben noch viele Wünsche und – irgendwann –
vielleicht ein Kind.
Uns fehlt nur eine Kleinigkeit,
Um so frei zu sein, wie die Vögel sind:
Nur Zeit!

Wir besitzen zwar mehr Möglichkeiten und Gelegenheiten, aber kaum Ruhe zum Genießen der Zeit. Nur noch neidisch können wir auf frühere Kulturen zurückblicken, die im *Zeitwohlstand* lebten und sich eine *mañana-Mentalität* leisten konnten: Morgen ist auch noch ein Tag. Wir aber haben heute ständig das Gefühl, morgen könnte es bereits zu spät sein: Konsumiere im Augenblick und genieße das Leben jetzt. Wir nutzen die Zeit mehr, als dass wir sie verbringen.

Als Problemlösung bietet sich die Selbsterkenntnis an: Wir haben keine Muße mehr. Und weil wir immer höhere Lebensansprüche stellen, nimmt unser *Gefühl von Zeitnot* zu. Was haben wir schon von einem Kinobesuch oder Einkaufsbummel, wenn wir ihn nicht in Ruhe genießen können? Im gleichen Maße, wie die Produktivität der Arbeitszeit ständig steigt, versuchen wir auch die Konsumzeit zu steigern und immer mehr in gleicher Zeit zu erleben. Konsumwünsche werden miteinander kombiniert – der Einkaufsbummel mit dem Treffen von Freunden, das Essengehen mit dem Knüpfen geschäftlicher Verbindungen, das Fernsehen mit dem Zeitunglesen oder die Urlaubsreise mit dem Erlernen neuer Sportarten. Auf solcher Weise *nimmt die Konsum-Produktivität zu, aber die freie Verfügbarkeit von Zeit ab.* Werden wir zu Zeitkonsumenten, die beim Konsumieren Zeit verbringen und verlieren?

Wir umgeben uns mit einem dichten Dschungel von Konsumgütern – von Auto, Handy, DVD und Sportgeräten – und vergessen dabei oft, dass es Zeit erfordert, davon Gebrauch zu machen. Wir entwickeln uns zu ruhelosen Konsumenten, die für sich selbst, zur Entspannung, zur Selbstbesinnung und auch zum nachdenklichen Lesen kaum noch Zeit finden. Die Konsumangebote werden immer vielfältiger, das Lebenstempo immer hektischer und die Menschen immer ruheloser. Das Gefühl für den Wert der Zeit nimmt zu. Mehr Geld allein erscheint doch wertlos, wenn nicht gleichzeitig auch mehr Zeit »ausgezahlt« wird. Das bekommen viele Menschen heute schon zu spüren. Zeit ist für sie zum knappsten und wertvollsten Gut geworden.

Bisher ist die Wirtschaftswissenschaft fast ausschließlich von dem *Modell der Knappheit* ausgegangen, nach dem wir viele Bedürfnisse und Wünsche, aber nicht genügend Geld und Zeit haben, um sie alle vollständig zu befriedigen. Dabei wurde übersehen, dass vor allem Kinder und Jugendliche mitunter mehr konsumieren »müssen«, als sie eigentlich »wollen« bzw. psychologisch und ökonomisch verkraften können. Dieser These liegen Erkenntnisse der Motivationspsychologie, insbesondere der Reiz-Reaktions-Psychologie zugrunde. Es geht dabei um die zentrale Frage, wie sich Reize und Reizüberflutung langfristig auf die menschliche Psyche, den Organismus und die zwischenmenschlichen Beziehungen auswirken. Für die bloße Hoffnung darauf, dass sich das Problem der Reizüberflutung eines Tages von selbst löst, weil es gewissen Sättigungsgesetzen unterliegt, gibt es keine nachweisbaren Belege. Das Gesetz der Bedürfnissättigung gilt lediglich für physiologische Bedürfnisse, nicht aber für sozial bedingte Bedürfnisse (z. B. Geltungs-, Kontaktbedürfnis, Anspruchsdenken).

Andererseits machen wir die ganz persönliche Erfahrung, dass übermäßige Reize Ruhelosigkeit und Unwohlsein, Aggressivität und Wut auslösen können. Zu viele Reize, aber auch zu wenig (oder gar keine) Reize werden als unangenehm empfunden. Aus der Psychologie ist bekannt: Das Angenehme (= das »Reizoptimum«) liegt zwischen den Extremen des Zuviel und des Zuwenig. Dies erklärt auch die Paradoxie, dass *selbst zuviel des Guten schlecht sein kann (17)*. So kann beispielsweise ein Kindergeburtstag, der ja eigentlich Freude bereiten sollte, mit Streit, schlechter Laune der Eltern oder Weinen der Kinder enden.

Für unsere Zukunft muss gelten: Das Wohlbefinden bemisst sich an einer *gelebten Zeitkultur*: Im Bett liegen und grübeln, ziellos herumschlendern, einfach da sitzen und Kaffee trinken. Wer seinen Gedanken freien Lauf lassen kann, muss mit sich selbst im Reinen sein. Weltweit breitet sich eine Bewegung der so genannten *Slobbies* aus, der »slower but better working people«. *Entschleunigung* kann so auch höhere Arbeitsqualität bedeuten. Nicht die Langsamkeit soll im Arbeitsprozess hofiert werden, sondern der Kampf gegen den Tempowahn auf Kosten von Zuverlässigkeit und Qualität. Wer also nicht sein ganzes Leben auf der Überholspur verbringen und ebenso pausen- wie atemlos die Hetzjagd mit Höchstgeschwindigkeiten mitmachen will, muss lernen und trainieren, *die Zeit von Zeit zu Zeit zu vergessen (18)*. Das ist persönlich gelebte Zeitkultur.

Noch nie zuvor waren die Menschen einem solchen Angebotsstress ausgesetzt wie heute. Ständig müssen wir uns entscheiden, ob wir etwas machen oder haben, selektiv nutzen oder ganz darauf verzichten wollen, doch:

- Was ist eigentlich wichtig für mich und was nicht?
- Woher nehme ich den Mut, auch Nein zu sagen?
- Und wie schaffe ich es, mich zu bescheiden, auch auf die Gefahr hin, etwas zu verpassen?

Früher galt der Grundsatz »Eine Sache zu einer Zeit«. Daraus ist heute die Gewohnheit »Mehr tun in gleicher Zeit« geworden. Was müssen wir also tun, um uns aus dieser Zeitfalle zu befreien?

> Moses lehrte uns: Lerne das Abwarten! Selbst bei einer vermeintlich langsameren Wegstrecke können wir am Ende das andere Ufer schneller erreichen, wenn wir unser Ziel nicht aus den Augen verlieren. Am besten mehrere Leben leben? Wer so lebt, kommt nie an.

Die folgenden Empfehlungen können nur Beispielcharakter haben:

- Alltagsstress ist weitgehend selbst gemacht, also können wir auch selbst etwas dagegen tun. Vielleicht ist manchem von uns schon geholfen, wenn wir den Satz »eigentlich müsste ich« aus unserem persönlichen Wortschatz streichen.

- Wir sollten mehr *Ventile und Notausgänge zum Flüchten* einplanen oder auf unseren inneren Stressschutzschalter vertrauen. Dazu gehört auch der Mut, sich gelegentlich aus dem alltäglichen Rollendruck zu befreien, wonach das immer Gleiche zur gleichen Zeit gemacht werden »muss«.

- Wir sollten – jeder für sich – zum eigenen Zeitverteidiger werden und uns auch nicht scheuen, einen *privaten Kalender* anzulegen, der drei Zeiträume ausweist: Zeit mit anderen, Zeit für sich und Zeit für nichts. Letzteres ist ein Anti-Termin, unverplant und offen für alles. Trennen wir uns von dem Gedanken: »Am Wochenende muss alles passieren«, was in der Woche zu kurz kommt. Damit macht man sich nur zum Opfer seiner eigenen Ansprüche. Auch die Formel »Am Sonntag machen wir alles gemeinsam« sollte nicht unumstößlich sein. Jeder braucht seinen Frei-Raum und seine Frei-Zeit, seine kleine Rückzugsnische.

- Zudem benötigen wir einen *Ordnungsfaktor*, der uns *das Aussteigen aus der Stress-Rallye* erleichtert: Das kann der Saunagang, das Hund-Ausführen, der Kirchenbesuch oder das bloße Luftschnappen und Spazierengehen um den Häuserblock sein.

- Faulenzen ist etwas anderes als Nichtstun oder Zeittotschlagen. Beim Nichtstun passiert nichts, *beim Faulenzen will ich etwas*. Faulenzen ist bewusstes Laissez-faire und geplantes Kräftesammeln. Man muss auch einmal in den Tag hineinleben und von Herzen faul ohne schlechtes Gewissen sein können.

- *Entdecken wir die Hängematte wieder,* das wirkliche oder gedankliche Beine-Hochlegen und Entspannen, das Zeit-für-sich-selber-Finden, das Zeit-Haben und -Genießen.

Im Einzelfall kann das durchaus bedeuten: Wer erfolgreich aus der Stress-Rallye aussteigen will, muss *sich selbst und anderen weh tun.* Dennoch: Lieber einmal etwas verpassen als immer dabei sein. Burnout oder Tinnitus können jedenfalls keine Perspektive sein. Gegen das chronische Rasen und das Leben auf der Überholspur brauchen wir eine »Slowing-down-Philosophie«, eine *Kunst des Anhaltens und Abbremsens,* die Halt- und Ruhepunkte des Lebens wieder entdeckt. Wir müssen daher mehr auf die Suche nach »uhrzeitfreien Nischen« *(19)* des Lebens gehen, in denen wir die Zeit und die Uhr vorübergehend vergessen können.

Das zehnte Gebot

des 21. Jahrhunderts

Mach nicht alle deine Träume wahr.
Heb dir für deine Lebensplanung noch
unerfüllte Wünsche auf.

Träume von einer besseren Welt

Der ungarisch-amerikanische Psychologe Csikszentmihalyi interviewte einmal einen ägyptischen Obdachlosen in den Parkanlagen von Mailand, der mit Gelegenheitsarbeiten sein Leben fristete und dennoch glücklich und zufrieden war. Sein ganzes Leben glich zwar einer Odyssee, doch nun hatte er endlich seine Ruhe und sein Gleichgewicht wieder gefunden. Der Ägypter brachte dies in das Bild: *Wenn der Löwe eine Schar Gazellen hetzt, kann er jedes Mal nur eine von ihnen zu fassen bekommen*: »So versuche ich auch zu sein, nicht wie die Menschen der westlichen Welt, die verrückt sind – auch wenn sie nicht mehr essen können als ihr tägliches Brot« *(1)*. In Wirklichkeit gleicht doch das Glück des Lebens mehr einem Mosaikbild, das sich aus lauter kleinen Freuden des Lebens, aus *Wohlfühl-Momenten* zusammensetzt. Wer sich wohl fühlt, schwebt einen Moment lang zwischen Himmel und Erde – im Liegestuhl, beim Fallschirmsprung oder beim beruflichen Erfolgserlebnis. Solche schönen Augenblicke könnten ewig dauern. Davon träumen wir. So wollen wir leben!

Seit jeher träumen die Menschen von einer idealen oder zumindest besseren Welt. So sind auch alle Zukunftsbilder und Utopien entstanden – in Anlehnung an Thomas Morus' 1516 geschriebenen Roman »Utopia« (= Nirgendwo). Es soll mittlerweile mindestens dreitausend Schriften der Weltliteratur geben, die man als utopische Werke bezeichnen kann. Aus Thomas Morus' Insel im Nirgendwo ist inzwischen ein *Inselmeer der Hoffnungen* entstanden. Allein in den USA sind im vergangenen Jahrzehnt über 350 Romane futuristischen Inhalts erschienen. Doch statt »Nirgendwo« heißt es jetzt eher: *Zukunftsgesellschaft.*

Diese Entwicklung zu Beginn des 21. Jahrhunderts hat einen realen politischen Hintergrund. Die Menschen sehnen sich wieder nach überzeugenden Leitbildern: Mit dem Ende des Kalten Krieges und des Ost-West-Konflikts ist auch der Glaube an die Zukunft erschüttert und damit auch der Mut zur Utopie: In dieser Situation kann utopisches Denken nützlich sein, das uns lehrt, über den Alltag und über Parteien- und Gruppeninteressen hinauszublicken, um die Welt von morgen in realistischen Perspektiven zu sehen *(2).* Utopisches Denken kann die Augen öffnen helfen und ein kritischer Helfer und Begleiter bei der *Suche nach persönlichen Zukunftsentwürfen* sein.

Die Wünsche sind klar: gute Gesundheit, langes Leben, Wohlstand und Wohlbefinden, Zusammenhalt und ewiger Friede. Die Zukunft, das erfahren wir täglich, kann und wird aber nicht aus einer Aneinanderreihung von guten Nachrichten bestehen können. Mit Konflikten zwischen Arm und Reich, Jung und Alt, Wohlstandsländern und Dritter Welt werden wir auch in Zukunft leben müssen.

Für den französischen Schriftsteller Albert Camus (1913–1960) hingegen wäre die Entscheidung, ob sich das Leben als Sisyphusarbeit überhaupt lohnt, eine zutiefst philosophische Frage. Auch Sisyphus könnte sein Leben als lebenswert empfinden, wenn er es nur wollte. Wir müssen uns nur Sisyphus als einen glücklichen Menschen vorstellen *(3)*. Das wäre geradezu ein *vitaler Optimismus*.

Ja, kann man in einem solchen Sisyphusdasein überhaupt Glück empfinden? Für den amerikanischen Philosophen Richard Taylor bekäme das Sisyphusleben erst dann einen Sinn, wenn die Götter – sozusagen in einer Art gnädigen Stimmung – Sisyphus den brennenden Wunsch einpflanzen würden, genau das tun zu wollen, wozu sie ihn eigentlich verurteilt haben – nämlich einen Stein den Berg hinaufzurollen *(4)*. Subjektiv gesehen hätte dann Sisyphus ein Ziel im Leben. Daraus folgt: *Unsere Zukunft beginnt im Kopf* – in der Bereitschaft und Fähigkeit, das Neue zu denken und das Wünschbare offensiv anzugehen.

Ein afrikanisches Sprichwort lautet: »Weißt du nicht, wohin du willst, so wisse zumindest, woher du kommst.« Gemeint ist damit: *Es gibt keine Zukunft ohne Herkunft.* Und Herkunft bedeutet Geschichte, Tradition, Kultur. Solange die Herkunft unerforscht bleibt, lassen sich auch Zukunftsfragen nicht beantworten. Die meisten Ideen für die Zukunft können aus der Vielfalt der Vergangenheit geschöpft werden *(5)*. Der ehemalige Baseballstar der New-York Yankees, Goose Gossage, soll auf die Frage, was er sich unter Zukunft vorstelle, geantwortet haben: »Die Zukunft ist im Wesentlichen wie die Vergangenheit – nur länger.« Unsere Zukunft ist geradezu schicksalhaft mit unserer Vergangenheit verwoben – mit unserem Leben und unseren Lebensgewohnheiten.

Lebensgewohnheiten sind wie eine *zweite Natur* und haben fast die Wirkung einer Kleidung aus Eisen, die nur schwer zu sprengen ist. Viele Tätigkeiten im Alltag werden von uns so lange praktiziert, dass sie wie Aufstehen, Essen und Schlafengehen beinahe zur lieben Gewohnheit bis ins hohe Alter werden. Dies erklärt auch, warum wir beispielsweise auf Reisen am meisten das eigene Bett, die Zeitung aus der Heimat und das gemütliche Zuhause vermissen. Gewohnter Lebensrhythmus und alltäglicher Regelkreis sind uns geradezu in Fleisch und Blut gegangen. Wir können einfach nicht aus unserer Haut heraus.

Die Sozialforschung geht davon aus, dass unsere Persönlichkeits- und Interessenstruktur im Wesentlichen ausgebildet ist, wenn wir das Erwachsenenalter erreichen. Die *Kindheits- und Jugenderfahrungen* haben ein größeres Gewicht als die spätere Sozialisation. Im Einzelfall kann es zwar auch im Erwachsenenalter noch zu dramatischen Veränderungen kommen, aber die statistische Wahrscheinlichkeit einer grundlegenden Persönlichkeitsveränderung nimmt abrupt ab, wenn das Erwachsenenalter erreicht ist.

Der *Wertewandel einer Gesellschaft* besteht also nicht darin, dass sich die Menschen sozusagen über Nacht verändern. Er vollzieht sich vielmehr allmählich in dem Maße, in dem die jüngere Generation einer Gesellschaft die ältere Generation Zug um Zug ablöst. Und eine Generation, die unter veränderten gesellschaftlichen Lebensbedingungen aufwächst, gelangt zwangläufig zu anderen Erfahrungen und Gewohnheiten. Damit verändern sich auch die Einstellungen zu Arbeit und Leben, zu Partnerschaft, Familie und Freundeskreis. Was folgt daraus für die persönliche Lebensplanung? Welche konkreten Empfehlungen lassen sich daraus vor allem für das *Leben nach der Arbeit* ableiten, wenn noch zwanzig bis dreißig Jahre auf Perspektive, Struktur und Gestaltung warten?

Offene Wünsche an die Zukunft

Jenseits der Erwerbsarbeit haben sich bisher einige Lebensstrategien bewährt:

- *Arrangieren, nicht resignieren.* Die überwiegende Mehrheit ist mit ihrer Lebenssituation zufrieden. Zum Selbstbild des älteren Menschen gehört es offensichtlich, mit sich und der Welt zufrieden zu sein und diesen Zustand auch zu zeigen. Gesellschaftliche Klischees vom zufriedenen Alten und individuelle Bedürfnisse scheinen sich hier zu mischen. Ruheständler spielen sich und anderen eigentlich nicht etwas vor, sondern haben – nach einer Phase der Umorientierung und Gewöhnung – tatsächlich ein Arrangement gefunden, das ihnen persönliche Stabilität und Zufriedenheit gibt. Es ist *das bescheidene Glück*, das sie bewahren möchten.
- *Konservieren, nicht verändern.* Es gibt so gut wie keine utopischen Wünsche. Es finden sich auch wenig wunderbare Träume. Ausgewählt werden vielmehr ganz allgemeine Voraussetzungen für die Zukunft: Der Wunsch, gesund zu bleiben und finanziell gesichert zu sein, bis hin zum Frieden in der Welt und im sozialen (familiären) Bereich. Nur ein Wunsch sprengt den Rahmen dieser Grundsätzlichkeiten: Die langersehnte Traumreise, die manchmal noch für bedeutsamer gehalten wird als die sichere Rente oder der Seelenfrieden.

Mit Abstand stehen *Status-quo-Aspekte an der Spitze.* Die Devise heißt eindeutig: Erhalten, nicht verändern. Ist der Jetzt-Zustand auch nicht optimal, so doch akzeptabel. Unter dem Motto »Ich möchte so weiterleben wie bisher« werden inhaltlich zentrale Wünsche wie Gesundheit, familiäre Harmonie und Genuss des Vorhandenen subsumiert. Konkrete Pläne und individuelle Intensivierungswünsche sind selten. Inhaltlich konzentrieren sich die Wünsche primär auf soziale Defizite, wobei vor allem der Kontakt zu jungen Menschen als intensivierungsbedürftig angesehen wird. Auch für diese sozialen Bedürfnisse gilt: *Man artikuliert zwar Wünsche, aber keine echten Pläne*, d. h. mit diesen Zustimmungen sind nicht zwangsläufig auch aktive Realisierungsabsichten verbunden.

Die Folge ist eine starke Beharrungstendenz, verbunden mit verbreiteter Abwehr von Ungewohntem. Die Lebensweisheit heißt: *Das, was man hat und kann, genießen!* Dieser Grundhaltung zum Leben stehen die unbefriedigten Wünsche entgegen, die man gerne noch verwirklichen würde, stünden nicht das eigene Phlegma, die Trägheit und Bequemlichkeit im Wege. So bleiben zwangsläufig viele Wünsche offen.

Der ewige Traum von der großen Reise ist das beste Beispiel hierfür. Fast alle hegen und pflegen solche Reisevisionen. Sie planen und unternehmen sie immer wieder – in der Fantasie und mit dem Finger auf der Landkarte. Sie geben sich zufrieden mit der Rolle von Sofatouristen, die praktische Realisierungsabsichten längst nicht mehr haben. Und dennoch *bleibt die Traumreise psychologische Realität* – als Idee und Symbolträger für alles, was das Leben lebenswert macht. Das Gleiche gilt für andere große Pläne. Sie erfüllen ihren Zweck, indem sie ganz einfach die Freude am Leben steigern und innerlich mobil halten.

Wunschvorstellungen und illusionäre Gedankenspiele haben eine wichtige Kompensationsfunktion gegenüber der Realität. Die neue Freiheit jenseits der Arbeit wird zu einem pragmatischen Kompromiss: Die positiv überhöhten Vorstellungen bleiben als Traum, Sehnsucht und Ideal erhalten. Die Wirklichkeit aber wird zum bescheidenen Glück. Groß ist die Bereitschaft, sich zu arrangieren und die Gegebenheiten zu akzeptieren.

Fahrplan für die Zukunft

Mit dem Übergang vom Arbeitsleben in den Ruhestand wird der Umgang mit der freien Lebenszeit zur zentralen Herausforderung für jeden Einzelnen: Alte Gewohnheiten müssen intensiviert, verändert oder aufgegeben und neue Lebensziele und Lebensaufgaben als Arbeitsäquivalent gefunden werden. Was einer Realisierung am meisten entgegensteht, ist das eigene *Phlegma: der Mangel an Eigeninitiative und der Hang zur Bequemlichkeit.* Es sind weniger finanzielle Gründe oder gesundheitliche Einschränkungen. Diese Diskrepanz ist der zufriedenen Mehrheit durchaus bewusst, doch sie entwickelt Lebenstechniken, die unerfüllte Wünsche verdrängen helfen. Ein solches Arrangement mit sich selbst gelingt so weit, dass sie sich glücklich und zufrieden fühlen und geben kann, auch wenn unterschwellig die Enttäuschung über nichtrealisierte Erwartungen bleibt.

Hauptursache hierfür sind die tiefgreifenden Veränderungen und Verunsicherungen, die mit dem Übergang verbunden sind. Das auslösende Moment ist die Herauslösung aus dem gewohnten Lebensrhythmus von Arbeit und Feierabend. Es fehlt jetzt der natürliche Spannungsbogen von Anstrengung und Ruhe. Außerdem ist mit dem Ausscheiden aus dem Berufsleben für die eigene Existenz der gesellschaftlich anerkannte und persönlich akzeptierte Wertmaßstab genommen. Die Folge ist eine tiefe Verunsicherung, auf die mit individuell unterschiedlichen Fluchtbewegungen reagiert wird: *Von resignativen Rückzugsstrategien bis zu überaktiven Kompensationsversuchen.* Die Pensionierung bedeutet einen radikalen Umbruch des Lebens für das Selbstwertgefühl, den gesellschaftlichen Status und die Sozialbeziehungen.

Eigentlich brauchen wir alle einen *Fahrplan für die Zukunft*, der Zukunftsrechte und Zukunftspflichten bündelt *(6)*. Danach hätte jeder Mensch das Recht und die Pflicht,

- die eigene Zukunft zu gestalten,
- die gesellschaftliche Zukunft zu beeinflussen und
- eine lebenswerte Zukunft kommender Generationen möglich zu machen.

Das wäre eine *dreifache Zukunftsfähigkeit* im Sinn der Verantwortung für sich, für andere und für kommende Generationen – ganz im Sinn des deutsch-amerikanischen Philosophen Hans Jonas, der schon in den siebziger Jahren die *Notwendigkeit einer Zukunftsethik* angemahnt hatte *(7)*. Eine solche Ethik verlangt eine weittragende Verantwortung für eine ferne Zukunft.

Wer also sein Leben – insbesondere im Alter – nicht dem Zufall überlassen, sondern sinnerfüllt leben will, muss sich eine besondere Einstellung zum Leben zu eigen machen: durch positives Denken, aktives Handeln und ganzheitliches Leben.

Positiv denken

Das positive Denken gehört zum Menschen wie der aufrechte Gang. Ohne positives Denken, ohne Hoffnungen und Träume kann der Mensch – das einzige Wesen, das die Unausweichlichkeit seines Verfalls und Todes kennt – nicht leben, ohne von dem Gedanken daran erdrückt zu werden. Mit der Entwicklungsgeschichte der Menschheit ist von Anfang an das Wunschdenken, der *Glaube an ein besseres Leben,* auch und gerade in krisenhaften Zeiten verbunden. Wenn das Leben in Gefahr ist oder die Lebensqualität spürbar schlechter wird, setzt der menschliche Wille zum Leben ein: der

Kampf ums Überleben, der Abschluss einer Lebensversicherung, die Teilnahme am Glücksspiel, die Begeisterung für eine neue Idee oder Religion, die Hoffnung auf Gesundheit, die Zuversicht, das gute Gefühl und der positive Glaube daran, dass es besser wird.

> Schlimmer als die Knechtschaft war für Moses die Resignation. Wer nicht will, dass alles beim Alten bleibt, muss den Aufbruch und die Veränderung wagen, um zukunftsfähig zu bleiben. Dies gilt auch und gerade für junge Menschen heute, die meist nur einen bescheidenen Zukunftswunsch haben: einen Job bekommen und eine Familie haben.

Im Luther'schen Sinn noch am Vorabend des Weltuntergangs einen Baum zu pflanzen, ist bildhafter Ausdruck des positiven Impulses im Menschen. Auch hochaltrige Menschen haben Zukunftserwartungen, die sie als erwünscht, vorteilhaft oder genussvoll empfinden. Solange sie in der Lage sind, sich eine rosige Zukunft auszumalen, solange ist ihr Lebenswille ungebrochen.

Ein positives Lebensgefühl erweist sich also als die beste Lebensversicherung. Die ›positive Brille‹ ist die wirksamste Medizin zur Lebensverlängerung. Eine positive Einstellung zum Leben geht erfahrungsgemäß mit größerer Selbstsicherheit einher. Entsprechend gering ist die Anfälligkeit für Depressionen *(8)*. Selbst mit schwierigen oder unangenehmen Situationen haben positiv Gestimmte weniger Probleme. Sie beherrschen Lebenstechniken, die eine aktive Auseinandersetzung mit Problemsituationen (z. B. Partnerverlust, Pensionierung, Ausbruch einer Krankheit) begünstigen.

Meist handelt es sich um Personen, die von Kindheit an ein positives Selbsterleben haben oder in einer solchen Atmosphäre aufgewachsen sind. Elternhaus, Erziehung und Bildung beeinflussen die positive Einstellung zum Leben am stärksten. Sie sind die beste Vorbereitung auf das Alter. *Vorbereitungsseminare können die lebenslange Prägung durch die eigene Biographie kaum mehr ausgleichen.* Aus den Biographien von über hundertjährigen Menschen geht beispielsweise eine durchgehend positive und humorvolle Einstellung zum Leben hervor. Die Vergnügtheit und Fröhlichkeit dieser Menschen ließ sie sehr alt werden – und das Altwerden machte sie offenbar lustig *(9)*. Lachen als Lebensprinzip baut Konfliktstress ab und steigert die Lebensfreude.

Eine lebensbejahende Einstellung zum Leben ist ein Garant für Lebensqualität und Lebenszufriedenheit im höheren Lebensalter *(10)*. Das Selbstwertgefühl bleibt dadurch erhalten. Sich auf ein langes Leben vorbereiten kann daher nur heißen: frühzeitig eigene *Positiv-Potenziale erkennen und lebensbejahende Einstellungen erfahren* und erlernen. Das Ja zum Leben, auch zum Leben nach der Arbeit, ist erlernbar. Es macht jeden Lebensabschnitt zu einer Reise, an deren Ende ein neuer Anfang steht.

Aktiv handeln

Lebensbejahung und aktive Einstellung zum Leben sind nicht voneinander zu trennen. Wer ein positives Lebensgefühl (im physischen, psychischen und sozialen Sinn) besitzt, hat eine heitere, fast optimistische Stimmungslage, beweist Lebensmut und zeigt zumeist ein hohes Aktivitätsniveau *(11)*. Wer z.B. mit fünfzig Jahren einen aktivitätsarmen Lebensrhythmus ohne Höhe- und Tiefpunkte wählt, setzt sein Leben aufs Spiel. Die Monotonie von Leere, Langeweile und Müßiggang lässt sich auf Dauer nicht ertragen. Winston Churchills letzte Worte vor dem Tod »Mich langweilt das alles« *(12)* verdeutlichen symbolisch diese Sinnproblematik im Alter: Das Fehlen von Aktivität und Anspannung fördert die Anfälligkeit für Krankheiten, macht auf Dauer lebensunfähig.

Aktives Handeln wirkt dagegen wie ein Lebenselixier. Es stärkt das Selbstwertgefühl und fördert eine Lebensorientierung mit Plänen und Wünschen für die Zukunft. Es verhindert, dass Eigeninitiative und Selbstbestimmung, bewusstes Zeiterleben und individuelle Sinnbezüge auf der Strecke bleiben. Aktives Handeln sagt nichts über die Vielzahl irgendwelcher Hobby- und Sportaktivitäten aus. Es ist vielmehr eine innere Lebenshaltung, das Leben bewusst und intensiv zu erleben und sich den Herausforderungen des Lebens aktiv zu stellen. Das kann die aktive und problembewältigende Auseinandersetzung mit Belastungssituationen (z.B. familiäre, gesundheitliche, finanzielle Probleme) ebenso einschließen wie physische Aktivität (z.B. Sport), geistige Aktivität (z.B. Weiterbildung) oder soziale Aktivität (z.B. freiwilliges soziales Engagement). *Aktives Handeln ist ein Weg, zu leben und nicht gelebt zu werden.*

Eins ist klar: Wohlstand und materielle Besserstellung führen nicht zu mehr Eigenaktivität. Wer also z.B. nicht von früher Jugend an kulturelle Interessen entwickelt, kann auch bei größeren materiellen Ressourcen im höheren Lebensalter keine größere kulturelle Aktivität mehr entfalten *(13)*. Aktivität stellt eine der wichtigsten Voraussetzungen für *Lebenszufriedenheit* dar, wobei Aktivität körperliche Betätigung genauso meint wie soziale Aktivität, also intensive Kontakte zu Freunden, Bekannten und Nachbarn *(14)*. Wer ein hohes Alter bei guter Gesundheit erreicht, hat meist auch während seines ganzen Lebens einen aktiven Lebensstil praktiziert.

Ganzheitlich leben

Die starre Trennung von Berufsleben und Privatleben gilt als wesentliches Strukturmerkmal arbeitsteiliger Industriegesellschaften. Auf der individuellen Ebene bedeutet dies eine ständige Quelle von Rollenkonflikten und Identitätsproblemen. Das im Berufsleben dominierende Nützlichkeitsdenken und zweckrationale Handeln lässt zwangsläufig emotional-soziale Fähigkeiten verkümmern, die dem Einzelnen mehr als Privatsache aufgebürdet werden. Die *Ganzheitlichkeit des Menschen als Körper-Seele-Geist-Organismus* wird stärker parzelliert als entfaltet. Auf der Strecke bleibt die lebensnotwendige Synthese von beruflichen und privaten Interessen. Arbeit, Beruf und Erfolg lassen sich mit Partnerschaft, Familie und Freundeskreis kaum in Einklang bringen.

Eine Vorbereitung auf ein selbstständiges Leben im Alter müsste immer auch eine *frühzeitige Einführung in ganzheitliche Sicht- und Lebensweisen* sein. Nicht in den letzten zehn Monaten, sondern in den letzten zehn Jahren sollte eine Gewöhnung an flexible und weniger starre Tagesabläufe erfolgen. Das Erlernen von mehr Selbstbestimmung über die eigene Lebenszeit kann nicht erst im Ruhestand beginnen. Ganzheitliches Leben erfordert weitgehend individualisierte Arbeits- und Freizeiten nach freier Wahl und freier Entscheidung.

Ganzheitliches Leben verhindert eine Zweiteilung des Menschen: An die Stelle der starren Trennung von Arbeitswelt und Privatsphäre treten fließende Übergänge, die die Ganzheit des Lebens wieder ins Bewusstsein bringen und *Brücken zwischen Arbeits- und Privatleben* bauen. Bei der Realisierung eines solchen Lebenskonzepts bleibt auch nach dem Ausscheiden aus dem Berufsleben der natürliche Rhythmus von Anspannung und Entspannung, Anstrengung und Ruhe erhalten.

Unsere Leistungsgesellschaft hat sich in den letzten hundert Jahren den Luxus leisten können, *den ganzen Menschen aus dem Blick zu verlieren*, weil sich der Einzelne wesentlich in und durch Berufsarbeit verwirklichte. Jetzt, da die Berufsarbeit nicht mehr für alle und vor allem nicht mehr für ein ganzes Leben zur Verfügung steht, müssen sich die Menschen wieder auf sich selbst besinnen. Mit dem Älterwerden können die Menschen die Lust des Loslassens neu entdecken, das befreiende Loslassen von Aufgaben, Prestige und Image. Sie müssen sich nicht mehr in Positionen und Ehrenämtern für unersetzlich halten. Und sie brauchen nicht mehr der Diktatur des »man« zu gehorchen – »was ›man‹ zu konsumieren, zu besitzen, zu bereisen, zu tun, zu denken habe« *(15)*. Sie können sich den Zeit-Luxus leisten, bewusster und gelassener zu leben.

Momente des Glücks genießen

Glück als Lebenserfüllung hat seine geistigen Wurzeln in der Antike. Glück bedeutete im Griechischen »eudaimonia«. Im Aristotelischen Verständnis war der Mensch nur dann glücklich, wenn er etwas in vollkommener Weise verwirklichte und dabei das größte Wohlgefühl erreichte. Damit dieses Wohlgefühl nicht zum Schuldgefühl wurde, setzte es Sinnerfüllung voraus. Wenn wir heute sagen, Wohlstand allein macht nicht glücklich, dann deutet dies doch auf die fehlende Sinnperspektive hin. Materieller Wohlstand schafft weder mehr Zufriedenheit noch werden wir dadurch wunschlos glücklich. Unsere Bedürfnisse verändern, aber sie vermindern sich nicht durch Wohlstand. Der Wohlhabende hat vielleicht weniger Hunger, dafür umso mehr Angst um sein Geld.

Vieles deutet darauf hin, dass die Glücksbedrohung eigentlich in jeder Phase unseres Lebens etwa gleich ist, weil ja immer neue Bedürfnisse entstehen. Ob sich der Jäger und Sammler früherer Zeiten aufregte, weil er vielleicht einmal kein Jagdglück hatte, oder ob sich der Autosammler John Tiriac darüber ärgert, weil Ferrari Lieferfristen hat, das macht für das persönliche Wohlbefinden keinen Unterschied. Das menschliche Glück liegt in der Zufriedenheit, also im »Fehlen von Bedürfnissen« *(16)*. Der bloße Verzicht auf neue unbekannte Bedürfnisse kann gar nicht unglücklich machen.

Denn Wünsche, die wir nicht kennen, vermissen wir auch nicht. Der Gletschermann Ötzi hat die Karibik nie vermisst.

Es gibt keinen Königsweg zum Glück. Glück lässt sich nicht auf Knopfdruck abrufen. In einen Glückszustand kann man nur geraten, wenn man etwas freiwillig und mit Freude tut, also ganz bewusst und hochmotiviert in freudige Erlebnisse regelrecht eintaucht. In einem solchen glücklichen Moment verliert man schnell den Sinn für die Zeit. Glücklich sein heißt vor allem *im Augenblick glücklich sein*, während Zufriedenheit mehr »mit dem Leben zufrieden sein« bedeutet. Schon Augustinus beschrieb in seinen Bekenntnissen den Zustand unsäglichen Glücks als den *Moment eines zitternden Augenaufschlags* (»Confessiones« 7:17/PL 32,745). Der schöne Augenblick könnte ewig dauern.

In der Tradition eines Thomas von Aquin aus dem 13. Jahrhundert konnte es Glückseligkeit nur bei Gott geben. Glück, religiös vertieft, wandelte sich erst in der Gottesschau zur Glückseligkeit: »beatitudo«, das höchste Glück, bestand dann in der Kontemplation, in der Beschaulichkeit vor Gott. Die Frage »Waren Adam und Eva glücklich im Paradies?« kann nach Thomas von Aquin eigentlich nur mit einem »Ja, aber« beantwortet werden. Denn das paradiesische Glück konnte sich mit der himmlischen Glückseligkeit nicht messen. Nur im Himmel gab und gibt es das vollkommene Glück, die »beatitudo perfecta« *(17)*. Wie vermessen müssen dagegen manche Werbebotschaften in der Verpackung von Amüsement und Vergnügen erscheinen, die Spaß und Lust mit Glück und Glückseligkeit verwechseln. Wie bescheiden tritt etwa die Bibel beider Testamente auf, die den Begriff »Glück« gar nicht kennt. Die Bibel sagt einfach »Leben«, wenn sie das ausdrücken will, was wir heute Glück nennen. Im biblischen Verständnis meint Glück Lebenserfüllung. Vielleicht verbirgt sich hinter allem menschlichen Streben nach Glück die geheime *Sehnsucht nach Sinnerfüllung des Lebens*.

Vom Geldhunger zum Sinnhunger

In Afrika, so erzählt man, gibt es zwei Arten von Hunger – den kleineren und den größeren. Der kleinere Hunger gilt den Dingen, die das Leben in Gang halten, also den Gütern, den Dienstleistungen und dem Geld, das wir brauchen, um alles bezahlen zu können. Der größere Hunger aber gilt den Antworten auf die Frage »*Warum?*«, die Erklärungen dafür geben, wozu dieses Leben gut sein soll *(18)*. Dieses Bild macht anschaulich klar, dass viele Menschen in den westlichen Konsumgesellschaften allzu lange, vielleicht auch allzu naiv daran geglaubt haben, dass der Hunger nach Geld und materiellem Wohlstand auch den größeren *Hunger nach Sinn* stillen und die Menschen zufriedener machen könnte. In Wirklichkeit stellt der Sinn-Hunger nicht einfach nur eine Erweiterung des Geld-Hungers dar, sondern ist etwas völlig anderes.

Ein zukunftsfähiges Lebenskonzept muss viele Facetten aufweisen:

- Unverzichtbar ist sicher weiterhin die *materielle Absicherung* (aber nicht mehr unbedingt nur die materielle Lebensstandardsteigerung). Absicherung bedeutet: ein sicheres Einkommen haben und auch für eine sichere Zukunft vorsorgen können.
- Unentbehrlich ist auch die *persönliche Freiheit,* die ein selbstbestimmtes Leben ermöglicht und wesentlich zum Wohlbefinden beiträgt.
- Die *soziale Qualität des Lebens* durch Familie und Freunde sorgt für Halt und Geborgenheit.
- Die *gesellschaftlichen Rahmenbedingungen* müssen schließlich so beschaffen sein, dass wir in Frieden und in Toleranz miteinander leben können.

Seit Schirrmachers Warnung vor den negativen Folgen einer »Minimum«-Gesellschaft *(19)* auf dem Weg in eine problematische Zukunft, in der nach und nach *die sozialen Netze reißen,* stellt sich die Frage, woher in einer Gesellschaft ohne Familie die Wertorientierung und die Vermittlung von Traditionen kommen sollen. Wenn Kinderlosigkeit zur Leitkultur wird, verliert die Gesellschaft ihre tradierten Werte und das, was sie miteinander verbindet und zusammenhält. Wie lebt und lernt man beispielsweise Bindungsfähigkeit, wenn der bindungslose Einzelne dominiert? Eine Gesellschaft kann doch auf Dauer nur überleben, wenn *auf Langfristigkeit angelegte Beziehungen gepflegt* und nachkommende Generationen davon überzeugt werden, dass es sich *lohnt, an Beziehungen zu arbeiten.* Nur: Wo finden Kinder und Jugendliche im Alltag heute noch solche Rollenbilder, die für sie zu Leitbildern werden können?

2004 kritisierte der Autor die Sintflut der Sinnflut und forderte auch und gerade für den sozialen Zusammenhalt eine Übereinkunft, eine gemeinsame Überzeugung von grundlegenden Werten – ein *Bündnis für soziale Werte (20),* damit wir nicht weiter wie Amateure und Hobbybastler unseren Lebenssinn aus beliebigen Puzzleteilen montieren müssen. Genau hier setzt die gemeinsame Initiative des Bundesfamilienministeriums und der christlichen Kirchen an: Gefordert wird jetzt ein *Bündnis für Erziehung* gegen innere Armut und Beliebigkeit. Wenn – wie geplant – auch andere Glaubensgemeinschaften sowie sinnstiftende Institutionen wie Wohlfahrts- und Familienverbände an diesem gemeinsamen Markt der Werte beteiligt werden, dann bestehen große Chancen für die *Entwicklung einer werteorientierten Erziehung.*

Werte brauchen Vorbilder: Alle drei monotheistischen Weltreligionen – Judentum, Christentum, Islam – wurzeln im Alten Testament, verehren Moses und die Zehn Gebote. Warum soll es nicht möglich sein, das biblische Grundwissen auch zur Basis einer zeitgemäßen Erziehungs- und Elternkompetenz zu machen: »Du sollst deinen Vater und deine Mutter ehren, auf dass du lange lebst ...« Dies ist kein christliches Erziehungsdogma, sondern Grundlage einer gemeinsamen Kultur und Geschichte.

Die Wertediskussion muss neu geführt werden. Dazu zwingt insbesondere die sich jederzeit abzeichnende *Renaissance so genannter bürgerlicher Werte* zwischen Fleiß und Disziplin, Höflichkeit und gutem Benehmen, Ehrlichkeit und Glaubwürdigkeit. Ein sich ausbreitendes Gefühl des Verlustes solcher Tugenden hatte in den letzten Jahrzehnten wesentlich zur Vertrauenskrise in unserer Gesellschaft beigetragen – gegenüber der Politik genauso wie gegenüber den Mitmenschen.

Jetzt sind traditionelle Werte wieder gefragt. Das kann nicht überraschen, weil die Menschen in Krisen- oder wirtschaftlich schwierigen Zeiten seit jeher zum Rückzug in die eigenen vier Wände neigen. Einen vergleichbaren *Wertewandel-Schub* hatte es nach dem letzten Golfkrieg 1991 gegeben, als sich ein Trend zur Häuslichkeit (»Cocooning«) ankündigte und bei den Verbrauchern Sparen und bescheidener leben (»small is beautiful«/»back to the simple life«) angesagt waren. Insofern kann es nicht überraschen, dass jetzt zunehmend *Sicherheits- und Vorsorgeaspekte* im Zentrum des Lebensinteresses stehen und ein sicheres Einkommen höher eingeschätzt wird als viel Geld haben. Insbesondere die *Familie* wird – im positiven Sinn – *billig und barmherzig*: ein Wohlfahrtsverband, den keine Lebensversicherung ersetzen kann. Und das heißt für die Zukuft: in Frieden und ohne Sorgen mit Familie und Freunden leben können.

Wohlstand wird immer mehr zu einer Frage des sozialen Wohlbefindens. Wenn die berufliche Existenz unsicher und das Geld knapp ist, rücken die Menschen wieder enger zusammen und besinnen sich auf Beständiges. Die *Bedeutungsaufwertung des immateriellen Wohlstandsniveaus* zwischen Freiheit, Hilfsbereitschaft und Toleranz wird zur Zukunftschance. Dies kann dann auch bedeuten, weniger Güter zu besitzen und doch besser zu leben.

Eine *Wohlstandswende* steht uns bevor – *strukturell und mental*. Jahrzehntelang herrschte der Eindruck vor: Für den Wohlstand sind Wirtschaft und Politik zuständig, für das Wohlbefinden Ärzte und Seelsorger. Unsere Anspruchshaltung war entsprechend auf Wohlstandssteigerungen ausgerichtet – mehr Lohn, mehr Freizeit, mehr Urlaub, mehr Autos, mehr Videos, DVDs und Stereoanlagen. Doch jetzt machen wir plötzlich zwei schmerzhafte Erfahrungen:

- Das Immer-Mehr können wir uns immer weniger leisten.
- Materielle Wohlstandssteigerungen machen uns nicht glücklicher.

Wohlstand erfährt eine Bedeutungserweiterung als Wohlergehen. Über das Materielle hinaus wird für uns Wohlstand zu einer Frage des persönlichen Wohlbefindens im physischen, psychischen und sozialen Sinne. Es geht um unser eigenes Glück, das wir nicht kaufen können.

Das veränderte Wohlstandsdenken zielt auf eine neue Wohlfühlgesellschaft. Für die Politik bedeutet dies: Wer heute und in Zukunft »Wohlstand für alle« propagiert, muss sich von alten wohlfahrtsstaatlichen Versprechungen und Illusionen (»Höherer Lebensstandard = Mehr Lebensqualität«) verabschieden. Gefragt sind mehr immaterielle Werte, die in Bezug auf ein langes Leben *Nachhaltigkeit* garantieren:

- *Vertrauen* statt Vertrauensverlusten
  (z. B. eine Familie, gute Freunde, nette Nachbarn haben, sich frei fühlen, stressfrei leben, glücklich sein).
- *Verlässlichkeit* statt Verunsicherung
  (z. B. sicherer Arbeitsplatz, sicheres Einkommen, sichere Rente, vor Kriminalität sicher sein, in Frieden leben können).
- *Verantwortung* statt Beliebigkeit
  (z.B. für andere da sein, für die Zukunft vorsorgen, keine Zukunftsängste haben, in einer toleranten Welt leben, in einer intakten Natur leben).

Wir wollen wieder mit Gewissheiten leben, auf Verlässlichkeit bauen und uns gegenseitig vertrauen können. Unsere neuen Wohlstandswerte knüpfen an die ursprüngliche Bedeutung von Wohlfahrt (mhd. »wol varn« = wohl fahren / wohl ergehen bzw. engl. »farewell«: leb wohl!) an. Und das heißt konkret: *Lebe glücklich!*

Nachwort

Nach der Evolutionstheorie helfen Säugetiere ihren nächsten Verwandten am meisten. Unter ihnen gibt es eine Tierart, die zu den kooperativsten Säugetieren der Welt zählt und *Hilfsbereitschaft auch unabhängig vom Verwandtschaftsgrad* praktiziert. Diese Tierart bewohnt in großen Kolonien das afrikanische Busch- und Savannenland, ist überaus gesellig und lebt in ständiger Kommunikation. Die knapp 30 Zentimeter großen Lebewesen heißen Erdmännchen. Alle Erdmännchen übernehmen ganz selbstverständlich soziale Aufgaben in ihrer Gruppe und beteiligen sich an der Nachwuchsbetreuung – auch unabhängig davon, ob sie mit dem Nachwuchs verwandt sind oder nicht. Selbst Erdmännchen, die keine Nachkommen haben, widmen ihr Leben ganz oder teilweise der Betreuung von fremden Jungen: Sie füttern sie oder übernehmen Wächteraufgaben, richten sich also bei Gefahr auf und »machen Männchen« – daher kommt ihr Name.

Die Erklärung ist einfach: Erdmännchen profitieren davon, in der Gemeinschaft zu leben, weil dadurch ihre Lebens- und Überlebenschancen steigen. Auch wir profitieren vom Gemeinsinn *nachhaltig im doppelten Sinne*: für die eigene Sicherheit und Geborgenheit und zugleich für das Wohl und die soziale Lebensqualität der kommenden Generationen. Wenn wir so nachhaltig vorsorgen, brauchen wir uns um die Nachwelt keine Sorgen zu machen.

Das vielfach beklagte Jammern über Werte- und Orientierungsverluste, haltlose Kinder und ratlose Eltern hat bald ein Ende. Wir richten uns wieder auf verbindliche Spiel- und Verhaltensregeln ein und erwarten auch mehr werteorientierte Erziehungsziele und Gebote. Die wichtigste Voraussetzung für die Zukunftsfähigkeit unserer Gesellschaft wird es sein, die Kinder zu dauerhaften Bindungen zu ermutigen und zugleich für ein verlässliches soziales Netz von Nachbarn und Freunden Sorge zu tragen. Vor dem Hintergrund ungelöster sozialer Probleme in Politik und Gesellschaft gilt als notwendige Lebensregel für die Zukunft: Hilf anderen, damit auch dir geholfen wird.

Wir suchen wieder nach Sinn und Sicherheit im Leben. Prosoziale Werte prägen unser Bild der Zukunftsgesellschaft. Und auch für die Jugend steht die 68er-Spontaneität des Tanzes um das eigene Ego nicht mehr im Zentrum ihres Lebens. Statt Werteverfall kündigt sich ein neuer Zeitgeist an: Selbstdisziplin steht der Selbstverwirklichung nicht mehr im Wege.

Im Zentrum unseres Handelns stehen heute Werte, die Antworten darauf geben, *was Kinder wirklich brauchen*. Die vermeintlich goldenen Zeiten der achtziger und neunziger Jahre, in denen »Ichlinge« glaubten, sich ihren Lebenssinn zwischen Beliebigkeit und Bindungslosigkeit selber basteln zu können, sind vorbei. Statt »Nähe durch Distanz« heißt es wieder mehr »*Bindung in Freiheit*«. Auf breiter Ebene setzt sich die Erkenntnis durch:

- Die Familie ist das Wichtigste im Leben.
- Die Familie ist die beste Lebensversicherung.
- Die Familie bleibt lebenslang billig und barmherzig.

So viel Geborgenheit und Sicherheit im Leben bekommt man aber nicht geschenkt und kann man auch nicht kaufen. Intakte Familienbeziehungen sowie intensive Freundschafts- und Nachbarschaftskontakte müssen schon gepflegt und vorgelebt werden. Eltern, Großeltern und Geschwister werden hierbei die wichtigsten Wertevermittler sein.

Die Rückkehr der sozialen Verantwortung, die Bedeutungsaufwertung der Familie, die Entdeckung von Freunden, Nachbarn und Hausgemeinschaften als soziale Konvois und familienähnliche Netzwerke lassen für die Zukunft hoffen: Wir werden weder einsam noch bindungslos sein und bleiben wollen. Und im gleichen Maße, wie die staatlichen Hilfesysteme aus demografischen und ökonomischen Gründen eingeschränkt werden, nimmt unsere Hilfs- und Verantwortungsbereitschaft zu. Wir spüren wieder: Das Gebrauchtwerden tut unserem Ego gut. Papst Benedikts Karfreitagswarnung vor dem Colosseum in Rom, die westliche Welt könnte »im Egoismus sterben« (14. April 2006), muss in Zukunft nicht Wirklichkeit werden. Das »Moses-Prinzip« weist Wege in eine wertvolle Zukunft, wenn wir tagtäglich die drei Handlungsprinzipien beherzigen: Vertrauen schenken, Verlässlichkeit vorleben und Verantwortung übernehmen.

Dank

Dieses Buch hat eine Begründung: Denn seit den siebziger Jahren untersuchte ich im Rahmen der Grundlagenforschung des BAT-Instituts die Lebensgewohnheiten der Menschen in Deutschland und der westlichen Welt. Die Basis bildeten empirische Erhebungen auf repräsentativer Grundlage. Auf diese Weise lieferte ein umfangreiches Daten-Archiv so genannte »Zeitreihen«, also Ergebnisse von Repräsentativumfragen in mehrjährigem Zeitvergleich. Aus ehemaligen Momentaufnahmen konnten Entwicklungsperspektiven und Zukunftstrends abgeleitet werden.

So entstand Ende der achtziger Jahre eine erste Zukunftsstudie, die Antworten auf die Frage gab, wie wir morgen *leben werden (1)*. Ein Jahrzehnt später konzentrierte ich mich in der Buchveröffentlichung »Deutschland 2010« auf die Frage, wie wir morgen *leben wollen (2)*. Jetzt, nach der Jahrtausendwende und den Erfahrungen des 11. September 2001, spitzt sich die Problemstellung auf die Sinnfrage zu, wie wir morgen *leben sollen*. Das ist eine wertorientierte Frage. Es geht um Lebensziele und um den Anspruch, mehr aus dem eigenen Leben zu machen und auch mitzuhelfen, eine bessere Gesellschaft zu schaffen. Hier ist die Nähe zu den drei Kant'schen Grundfragen jedes Forscherinteresses spürbar: Was können wir wissen? Was dürfen wir hoffen? Was sollen wir tun?

Die vorliegende Buchveröffentlichung hat eine persönliche Vorgeschichte. In einem öffentlichen Vortrag hatte ich am Ende der Ausführungen thesenhaft in einer Art Zusammenfassung »10

Gebote für das 21. Jahrhundert« formuliert. Am Ende des Vortrags wollten Zuhörer nicht das gesamte Manuskript, sondern nur die 10 Gebote mit nach Hause nehmen, sozusagen zum Check-up für sich selbst und zur Weitergabe und Empfehlung für ihre Kinder. Auf die Pressemeldung über diesen Vortragsabend gab es zwei bemerkenswerte Reaktionen.

Überaus ernsthaft und niveauvoll meldete sich zunächst der Leistungskurs Religion eines Gymnasiums zu Wort, der gerade selbst im Religionsunterricht mit einer gegenwartsnahen Neuformulierung der 10 Gebote befasst war. In einer Zeit der »allgemeinen Orientierungslosigkeit und des Sinnverlusts« wollte der Schülerkurs religiöse Wahrheiten in die Gegenwart übersetzen. Da es offensichtlich war, dass ich keine religiöse Botschaft für die Zukunft verkünden wollte, empfahl mir der Kurs eine Umbenennung in »10 Anleitungen zu einem gelingenden Leben im 21. Jahrhundert.« Das war durchaus eine treffende Umschreibung meines Anliegens.

Zugleich stellte aber gerade meine verbale Nähe zur religiösen Semantik einen Anreiz für das Gütersloher Verlagshaus dar, die 10 Gebote nicht nur für sich zu behalten, sondern auch als Buch zu veröffentlichen. Promoter dieser Idee war Programmleiter Thomas Schmitz, der mich zu diesem Vorhaben überredete und überzeugte. Für seine Initiative und sein Engagement kann ich ihm nur danken.

Besonderer Dank gebührt meinem Studienfreund Winfried Heinrichs und seinen vielfältigen Anregungen und Informationen. Als ebenso engagierter wie erfahrener Religionspädagoge ermahnte und regte er mich freundschaftlich an, den Anspruch des Buches »Das Moses-Prinzip. Die 10 Gebote des 21. Jahrhunderts« ernst zu nehmen und religiösen Berührungspunkten nicht leichtfertig aus dem Wege zu gehen.

Schließlich danke ich meiner Frau Elke ganz herzlich, dass sie mich zu diesem Buch ermutigte und bestärkte. Ihrer Argumentation konnte ich nichts entgegensetzen: Ein Empiriker, der jahrelang mit Daten und Statistiken hantiere, müsse sich auch einmal offensiv ethischen Fragen stellen und dürfe sich nicht nur hinter Zahlen verschanzen. So ist es. Ein Zahlenmensch muss auch ein Sinnsucher sein.

Horst W. Opaschowski

Grundlagenliteratur

**Jenseits von Konto und Karriere oder
10 Gebote für das 21. Jahrhundert**

(1) Coupland, D.: Girlfriend in a Coma (New York 1998), Hamburg 1999

(2) Noll, Ch.: Noah und die Wasser der Korruption. In: mut Nr. 464 (April 2006), S. 58–73

(3) Schulze, G.: Was wird aus der Erlebnisgesellschaft? In: Aus Politik und Zeitgeschichte B 12 (17. März 2000), S. 3–6

(4) Club of Rome (Hrsg.): Das menschliche Dilemma, Wien (u. a.) 1979, S. 25

(5) VBW/Vereinigung der Bayerischen Wirtschaft (Hrsg.): Bildung neu denken! Das Zukunftsprojekt, Opladen 2003

(6) Tapscott, D.: Die digitale Revolution. Verheißungen einer vernetzten Welt – die Folgen für Wirtschaft, Management und Gesellschaft (»The Digital Economy«, 1996), Wiesbaden 1996

(7) Goebel, J./Chr. Clermont: Die Tugend der Orientierungslosigkeit, 3. Aufl., Berlin 1998

(8) Shell (Hrsg.): Jugend 2000. 13. Shell Jugendstudie, 2 Bände, Opladen 2000

(9) Luik, A./V. Hinz: »Die wollen ewiges Leben, die wollen den Tod besiegen – das ist teuflisch«. In: Stern Nr. 47 (2001), S. 244–252

(10) Ortega y Gasset, J.: Aufstand der Massen (»La rebelión de las masas«, 1930), Reinbek 1984

(11) Steffensky, F.: Die Zehn Gebote. Anweisungen für das Land der Freiheit, 3. Aufl., Würzburg 2004

(12) Pesch, O.H.: Die Zehn Gebote, 2. Aufl., Mainz 1976

(13) Drewermann, E.: Die Zehn Gebote. Zwischen Weisung und Weisheit, Düsseldorf 2006, S. 12

(14) Jonas, H.: Das Prinzip Verantwortung, Frankfurt/M. 1979, S. 402

(15) Katholisches Bibelwerk e.V. (Hrsg.): Grundkurs Bibel. Altes Testament, Stuttgart 1992

(16) Assmann, J.: Moses der Ägypter, 5. Aufl., Frankfurt/M. 2004

(17) Buschmann, G.: Das Exodus- und Weg-Symbol in der Werbung. In: medien praktisch 2 (2001), S. 54–59

(18) Fischer-Appelt, B.: Die Moses Methode. Führung zu bahnbrechendem Wandel, Hamburg 2005

(19) *Zoche, H.-J.:* Die Zehn Gebote für Manager, Bayreuth 2001

(20) *Fournier, C.v.:* Die 10 Gebote für ein gesundes Unternehmen, Frankfurt/M.-New York 2005

(21) *Huber, W.:* Zehn Imperative für ein planetarisches Ethos. In: Wegweisungen, Hrsg. v. G. Bubolz/U. Tietz, Düsseldorf 1996, S. 165

(22) *Drewermann, E.:* Tiefenpsychologie und Exegese, Olten-Freiburg 1991, S.502

(23) *Giesen, T.:* Handle so, und du wirst leben. Die Zehn Gebote, Düsseldorf 2002, S. 15

Das erste Gebot

(1) *Massimini, F. (u. a.):* Flow und biokulturelle Evolution. In: M. u. I. Csikszentmihalyi (Hrsg.): Die außergewöhnliche Erfahrung im Alltag, Stuttgart 1991, S. 77–102

(2) *Then, W.:* Die Evolution in der Arbeitswelt, Bonn-Fribourg-Ostrava 1994

(3) *Otto, M.:* Homeshopping – eine virtuelle Einkaufswelt eröffnet sich zuhause. In: BMWi Report: Die Informationsgesellschaft, Bonn 1995, S. 28

(4) *Zwickel, K.:* Neue Wege in der Arbeitspolitik. In: D. Schulte (Hrsg.): Arbeit der Zukunft, Köln 1996, S. 186 f.

(5) *Willke, G.:* Die Zukunft unserer Arbeit. Frankfurt/M.-New York 1999, S. 218

(6) *Mückenberger, U.:* Arbeitnehmer: Bürger im Betrieb. In: D. Schulte (Hrsg.): Arbeit der Zukunft, Köln 1996, S. 210

(7) *Handy, Ch.:* Die anständige Gesellschaft (»The Hungry Spirit. Beyond Capitalism – The Quest for Purpose in the Modern World«, 1997), München 1998, S. 197

(8) *Allensbach, Institut für Demoskopie (Hrsg.):* Spiegel-Dokumentation Persönlichkeitsstärke, Allensbach-Hamburg 1983

(9) *Noelle-Neumann, E.:* Eine demoskopische Deutschstunde, Osnabrück 1983, S. 10

(10) *Lutz, Chr.:* Leben und arbeiten in der Zukunft, München 1995

Das zweite Gebot

(1) *Riesman, D.:* Wohlstand wofür? (1957). In: Ders.: Wohlstand wofür? Frankfurt/M. 1973, S. 264–276

(2) *Club of Rome:* Die Grenzen des Wachstums, Stuttgart 1972

(3) *Kennedy, J.F.:* Glanz und Bürde, Düsseldorf-Wien 1964

(4) *Scitovsky, T.:* Psychologie des Wohlstands (»The Joyless Economy«, 1976), Frankfurt/M.-New York 1977

(5) *Miegel, M.:* Epochenwende. Gewinnt der Westen die Zukunft?, Berlin 2005

(6) *Layard, R.:* Die glückliche Gesellschaft. Kurswechsel für Politik und Wirtschaft, Frankfurt/M. 2005

(7) *Di Fabio, U.:* Die Kultur der Freiheit, München 2005

(8) *Glatzer, W.:* Lebensqualität aus sozio-ökonomischer Sicht. In: G. Seifert (Hrsg.): Lebensqualität in unserer Zeit, Göttingen 1992, S. 49

(9) *Inglehart, R.:* The Silent Revolution, Princeton 1977

(10) *Glatzer, W.:* Lebenszufriedenheit und alternative Maße subjektiven Wohlbefindens. In: W. Glatzer/W. Zapf (Hrsg.): Lebensqualität in der Bundesrepublik, Frankfurt a. M./New York 1984

(11) *Glatzer, W./W. Zapf (Hrsg.):* Lebensqualität in der Bundesrepublik, Frankfurt/M.-New York 1984

(12) *Schulze, G.:* Die Erlebnisgesellschaft. Kultursoziologie der Gegenwart, Frankfurt/M.-New York 1992

(13) *Maslow, A.H.:* A Theory of Human Motivation. In: Psychological Review 50 (1943), S. 370–396

(14) *BUND/Misereor (Hrsg.):* Zukunftsfähiges Deutschland. Ein Beitrag zu einer global nachhaltigen Entwicklung, Basel-Boston-Berlin 1996

Das dritte Gebot

(1) *Grimm, Brüder:* Kinder- und Hausmärchen (1857), Stuttgart 2002

(2) *Ganßmann, H.:* Der Großvater, sein Enkel und die Rentenreform. In: G. Burkart/J. Wolf (Hrsg.): Lebenszeiten, Opladen 2002, S. 276

(3) *Bertram, H.:* Familien leben. Neue Wege zur flexiblen Gestaltung von Lebenszeit, Arbeitszeit und Familienzeit, Gütersloh 1997

(4) *Rosenmayr, L./F. Kolland (Hrsg.):* Arbeit – Freizeit – Lebenszeit, Opladen 1988

(5) *Adam, K.:* Die schöne neue Welt des Wohlfahrtsstaates. In: A. Lepenies (Hrsg.): Alt und Jung, Frankfurt/M. 1997, S. 27–30

(6) *Lepenies, A.:* So alt wie das Jahrhundert. In: Dies.(Hrsg.): Alt & Jung. Das Abenteuer der Generationen, Frankfurt/M. 1997, S. 85–90

(7) *Ganßmann, H.:* a. a.O., S. 283

(8) *Jonas, H.:* Das Prinzip Verantwortung, Frankfurt/M. 1979, S. 55

(9) *Enquête-Kommission des Deutschen Bundestages (Hrsg.):* Zwischenbericht der Enquête-Kommission Demographischer Wandel. Herausforderungen unserer älter werdenden Gesellschaft an den einzelnen und die Politik, Bonn 1994

(10) *Allensbach, Institut für Demoskopie (Hrsg.):* Kann denn Stress auch Spaß machen? In: Allensbacher Berichte Nr. 10 (2002), S. 1–4

(11) *Guggenberger, B.:* Das digitale Nirwana, Hamburg 1997, S. 9f.

(12) *Künemund, H./A. Motel:* Private intergenerationelle Hilfeleistungen und Transfers. In: M. Kohli/M. Szydlik (Hrsg.): Generationen in Familie und Gesellschaft, Opladen 2000, S. 122–137

(13) *Nave-Herz, R.:* Die These über den »Zerfall der Familie«. In: J. Friedrichs (Hrsg., u. a.): Die Diagnosefähigkeit der Soziologie, Opladen 1998, S. 286–315

(14) *Bertram, H.:* a. a.O., S. 102

Das vierte Gebot

(1) *Breitscheidel, M.:* Abgezockt und totgepflegt. Alltag in deutschen Pflegeheimen, Berlin 2005

(2) *Dörner, K.:* Das ganze Land ohne Heime – eine Utopie? (Interview). In: M. Breitscheidel, Abgezockt und totgepflegt. Alltag in deutschen Pflegeheimen, Berlin 2005, S. 201–215

(3) *Nolte, P.:* Generation Reform. Jenseits der blockierten Republik, München 2004, S. 71

(4) *Engstler, H./S. Menning:* Die Familie im Spiegel der amtlichen Statistik. Hrsg. v. Bundesministerium für Familie, Senioren, Frauen und Jugend, Berlin 2003 (3)

(5) *Enquête-Kommission des Deutschen Bundestages (Hrsg.):* Zwischenbericht der Enquête-Kommission Demographischer Wandel. Herausforderungen unserer älter werdenden Gesellschaft an den einzelnen und die Politik, Bonn 1994

(6) *Szydlik, M.:* Generationen: Wer sorgt sich um wen? In: G. Burkart/J. Wolf (Hrsg.): Lebenszeiten, Opladen 2002, S. 149

(7) *Sennett, R.:* Der flexible Mensch. Die Kultur des neuen Kapitalismus (»The Corrosion of Character«, 1998), Berlin 1998, S. 203

(8) *Szczesny-Friedmann, C.:* Die kühle Gesellschaft. Von der Unmöglichkeit der Nähe, München 1991

(9) *Nuber, U.:* Warum wir uns langweilen. In: psychologie heute: Jg. 17, Heft 5 (1990), S. 21–26

Das fünfte Gebot

(1) *Eco, U.:* Visionen der Zukunft. In: Conturen Nr. 2 (2000), S. 13

(2) *Weizsäcker, R.v.:* Verantwortung für die Stabilität des demokratischen Rechtsstaates. In: Verhandlungen des 56. Deutschen Juristentages, Bd. II, München 1986, S. 39

(3) *Riesman, D.:* Wohlstand wofür? (»Abundance for what?«, 1964), Frankfurt/M. 1966, S. 355

(4) *Mohr, R. (u.a.):* Die unverschleierte Würde des Westens. In: Der Spiegel Nr. 52 (2001), S. 66

(5) *Spaemann, R.:* Europa – Wertegemeinschaft oder Rechtsordnung? In: zeitschritt 9 (2001), S. 26

(6) *Ockenfels, W.:* Kirche muss Moral fordern (Interview). In: Hamburger Abendblatt vom 16. Juli 2002

(7) *Diez-Hochleitner, R.:* Vor einer Revolution der Armen? (Interview). In: Hamburger Abendblatt vom 4. September 2000

(8) *Fromm, E.:* Die Revolution der Hoffnung (»The Revolution of Hope«, 1968), Reinbek 1974, S. 85

(9) *BUND/Misereor (Hrsg.):* Zukunftsfähiges Deutschland. Ein Beitrag zu einer global nachhaltigen Entwicklung, Basel-Boston-Berlin 1996, S. 278

Das sechste Gebot

(1) *Mead, M.:* The Pattern of Leisure in Contemporary American Culture. In: E. Larrabee/R. Meyersohn (Hrsg.): Mass Leisure, Glencoe 1958, S. 10ff.

(2) *Keupp, H.:* Gemeinsinn und Seelsorge. Gegen einen falschen Moralismus. In: W.R. Wendt (u.a.): Zivilgesellschaft und soziales Handeln, Freiburg i.B. 1996, S. 88

(3) *Gaskin, K. (u.a.):* Ein neues bürgerschaftliches Europa. Eine Untersuchung zur Verbreitung und Rolle von Volunteering in zehn Ländern (hrsg. v.d. R. Bosch-Stiftung), Freiburg/Br. 1996, S. 98

(4) *Hörrmann, S.:* Bürgerschaftliches Engagement und die Wohlfahrtsverbände. In: W. R. Wendt (u.a., Hrsg.): Zivilgesellschaft und soziales Handeln, Freiburg i.Br. 1996, S. 116

(5) *Spranger, E.:* Die Kulturzyklentheorie und das Problem des Kulturverfalls. In: Ders.: Gesammelte Schriften Bd. V (1969), S. 1ff.

(6) *Schulze, G.:* Die Beste aller Welten. Wohin bewegt sich die Gesellschaft im 21. Jahrhundert? München-Wien 2003, S. 12

(7) *Siebert, H.:* Die fehlende Vision. In: Handelsblatt Nr. 111 vom 11./12./13. Juni 2004

(8) *Hengsbach, F.:* Arbeit. In: K. Deufel/M. Wolf (Hrsg.): Ende der Solidarität? Freiburg/Br. 2003, S. 52

(9) *Dettling, W.:* Wirtschafts-Kummerland? Wege aus der Globalisierungsfalle, München 1998

Das siebte Gebot

(1) *Csikszentmihalyi, M.:* Das Flow-Erlebnis: Jenseits von Angst und Langeweile (»Beyond Boredom and Anxiety – The Experience of Play in Work and Games«, 1975), 3. Aufl., Stuttgart 1991, S. 11

(2) *Jahn, S.:* Die Selfmade-Weisen. In: zeit-schritt 9 (2001), S. 12

(3) *Opaschowski, H.W.:* Deutschland 2010. Wie wir morgen arbeiten und leben. Voraussagen der Wissenschaft zur Zukunft unserer Gesellschaft, 2. neubearb. Aufl., Hamburg 2001, S. 340

(4) *Fromm, E.:* Der moderne Mensch und seine Zukunft, Frankfurt/M. 1960, S. 322 f.

(5) *Bruckner, P.:* Verdammt zum Glück. Der Fluch der Moderne (»L'euphorie perpétuelle«, Paris 2000), Berlin 2001, S. 251

(6) *Horx, M./P. Wippermann:* Markenkult, München 1998, S. 180

(7) *Gross, P.:* Die Multioptionsgesellschaft, Frankfurt/M. 1994

(8) *Huntington, S.P.:* Der Kampf der Kulturen (»The clash of civilizations«, 1996), München-Wien 1996, S. 500

(9) *Hillmann, K.-H.:* Wertwandel. Ursachen, Tendenzen, Folgen, Würzburg 2003, S. 19

(10) *Galbraith, J.K.:* Gesellschaft im Überfluss (»The Affluent Society«, 1958), München-Zürich 1959

(11) *Hansen, U.:* Marketing und Konsum: Eine neue Verantwortung? In: G. Rosenberger (Hrsg.): Konsum 2000, Frankfurt/M.-New York 1992, S. 168

(12) *Casparis, Chr. P.:* Freizeitmarkt und Europa im Wandel. In: Th. Bieger/M. Hostmann (Hrsg.): Strategie 2000 für die Freizeitbranche, Grüsch 1990, S. 62

(13) *Bellow, S.:* An Unbearable State of Distraction. Rede vom 9. Nov. 1989

(14) *Brooks, V.W.:* America's Coming-of-Age, Garden City/New York 1958

(15) *Bell, D.:* Die Zukunft der westlichen Welt (»The Cultural Contradictions of Capitalism«, 1976), Frankfurt/M. 1979/1996

(16) *Fromm, E.:* Psychoanalyse und Ethik (»Man for himself«, 1954), Frankfurt/M.-Berlin-Wien 1978

(17) *Klein, N.:* No Logo! Der Kampf der Global Players um Marktmacht, München 2002

Das achte Gebot

(1) *Sauer, St.:* Sehnsucht nach dem Besonderen. In: Kölner Stadt-Anzeiger Nr. 175 vom 29. Juli 1999, S. 2

(2) *Eckert, R. (u. a., Hrsg.):* Sinnwelt Freizeit. Jugendliche zwischen Märkten und Verbänden, Opladen 1990

(3) GDV/Gesamtverband der Deutschen Versicherungswirtschaft (Hrsg.): Risiko. Wie viel Risiko braucht die Gesellschaft?, Berlin 1998, S. 4

(4) *Messner, R.:* Visionen eines Grenzgängers – Was findet man am Ende der Welt? In: Visionen 2000. Hrsg. v.d. Brockhaus-Redaktion, Leipzig-Mannheim 1999, S. 112–115, S. 115

(5) *Merbold, U.:* Ein Diamant im schwarzen All (Interview). In: Hamburger Abendblatt 19./20. Februar 2000, S. 8

(6) *Aufmuth, U.:* Lebenshunger. Die Sucht nach Abenteuer, Zürich-Düsseldorf 1996

(7) *Buhl, H.:* Achttausend drüber und drunter, München 1954, S. 206f.

(8) *Messner, R.:* Grenzbereich Todeszone, Köln 1978, S. 30

(9) *Bonington, Chr.:* Interview. In: E. de Bono: Tactis. The Art and Science of Success, London 1986, S. 200

(10) *Apter, M.:* Im Rausch der Gefahr. Warum immer mehr Menschen den Nervenkitzel suchen (»The Dangerous Edge. The Psychology of Excitement«, 1992), München 1994, S. 223

(11) *Camus, A.:* Der Mythos von Sisyphus (Rowohlts deutsche Enzyklopädie Nr. 90), Reinbek 1991, S. 16

(12) *Funke, J.:* Im Handeln eintreten – wofür? In: K. Scherler (Hrsg.): Normative Sportpädagogik (DVS-Protokolle Nr. 41), Clausthal-Zellerfeld 1990, S. 23

(13) *Zukunftskommission Gesellschaft 2000 der Landesregierung Baden-Württemberg (Hrsg.):* Solidarität und Selbstverantwortung. Von der Risikogesellschaft zur Chancengesellschaft, Stuttgart 1999, S. 119

(14) *Opaschowski, H. W.:* Xtrem: Der kalkulierte Wahnsinn. Extremsport als Zeitphänomen, Hamburg 2000

(15) *Städtler, S.:* Existenzgründer zwischen Chance und Risiko. In: GDV (Hrsg.): Wie viel Risiko braucht die Gesellschaft?, Berlin 1998, S. 132f.

(16) *Handy, Ch.:* Die anständige Gesellschaft (»The Hungry Spirit. Beyond Capitalism – The Quest for Purpose in the Modern World«, 1997), München 1998, S. 224

Das neunte Gebot

(1) *Geißler, K.A.:* Die Zeiten ändern sich. Vom Umgang mit der Zeit in unterschiedlichen Epochen. In: Aus Politik und Zeitgeschichte B 31/99 vom 30. Juli 1999, S. 3–10

(2) *Wells, H.G.:* Der neue Akzelerator (Meistererzählungen, 1901), Zürich 1996

(3) *Gleick, J.:* Schneller! Eine Zeitreise durch die Turbo-Gesellschaft (»Faster. The Acceleration of Just About Everything«, New York 1999), München 2000, S. 60

(4) *Gleick, J.:* a.a.O., S. 185

(5) *Sloterdijk, P.:* Kopernikanische Mobilmachung und ptolemäische Abrüstung, Frankfurt/M. 1987

(6) *Backhaus, K.:* Im Geschwindigkeitsrausch. In: Aus Politik und Zeitgeschichte B 31/99 vom 30. Juli 1999, S. 22; *Baeriswyl, M.:* Chillout. Wege in eine neue Zeitkultur, München 2000, S. 22

(7)   *Levine, R.:* Eine Landkarte der Zeit. Wie Kulturen mit Zeit umgehen (»A Geography of Time«, New York 1997), München 1998

(8)   *Milgram, S.:* The experience of living in cities. In: Science 167 (1970), S. 1461–1468

(9)   *Levine. R.:* a.a.O., S. 221

(10) *Luttwak, E.:* Turbo-Kapitalismus. Gewinner und Verlierer der Globalisierung (London 1998), Hamburg-Wien 1999

(11) *Martin, H.-P./H. Schumann:* Die Globalisierungsfalle. Der Angriff auf Demokratie und Wohlstand, 3. Aufl., Reinbek 1996

(12) *Mc Luhan, M.:* Die magischen Kanäle (»Understanding Media«, 1964), 2. erweiterte Aufl., Dresden-Basel 1995

(13) *Gleick, J.:* a.a.O., S. 18

(14) *Adam, B. (u. a., Hrsg.):* Die Nonstop-Gesellschaft und ihr Preis. Vom Zeitmissbrauch zur Zeitkultur, Stuttgart-Leipzig 1998

(15) *Pascal, B.:* Pensées. Hrsg. v. L. Chevalier, Heidelberg 1954

(16) *Baeriswyl, M.:* Chillout. Wege in eine neue Zeitkultur, München 2000,   S. 222

(17) *Berlyne, D.E.:* Konflikt, Erregung, Neugier, Stuttgart 1974

(18) *Baeriswyl, M.:* a.a.O., S. 217

(19) *Romhardt, K.:* Slow down your life, München 2004, S. 47

Das zehnte Gebot

(1)   *Csikszentmihalyi, M.:* Flow. Das Geheimnis des Glücks (»Flow – The Psychology of Optimal Experience«, 1990), Stuttgart 1992, S. 258f.

(2)   *Zänker, A.:* Der lange Weg nach Utopia. Vom Vormarsch des politisch Vernünftigen, Asendorf 2003, S. 17

(3)   *Camus, A.:* Der Mythos von Sisyphus (Rowohlts deutsche Enzyklopädie Nr. 90), Reinbek 1991, S. 9

(4)   *Taylor, R.:* Good and Evil. Prometheus, Buffalo/N.Y. 1984

(5)   *Oloukpona-Yinnon, A.P.:* Postkoloniale Situationen und die Zukunft der Kulturen. In: J. Rüsen (Hrsg., u.a.): Zukunftsentwürfe, Frankfurt/M. 2000, S. 75–86, S. 85

(6)   *Homann, R.:* Zukünfte. heute denken morgen sein, Zürich 1998, S. 177

(7)   *Jonas, H.:* Das Prinzip Verantwortung, Frankfurt/M. 1979

(8)   *Lehr, U.:* Subjektiver und objektiver Gesundheitszustand im Lichte von Längsschnittstudien. In: Medizin, Mensch und Gesellschaft 7 (1982), S. 241ff.

(9)   *Vester, F.:* Phänomen Stress, Stuttgart 1976/1978, S. 322

(10) *Havighurst, R.J.:* Successful aging. In: The Gerontologist 1 (1961), S. 4ff.

(11) *Thomae, H./H. E. Kranzhoff:* Erlebte Unveränderlichkeit von gesundheitlicher und ökonomischer Belastung. In: Zeitschrift für Gerontologie 12 (1979)

(12) *Walford, R.L.:* Leben über 100, München 1983, S. 221

(13) *Rosenmayr, L./F. Kolland (Hrsg.):* Arbeit – Freizeit – Lebenszeit, Opladen 1988

(14) *Thomae, H.:* Psychosocial aspects of longity and healthy aging. In: J.L.C. Dall/M. Ermini et al. (Edts.): Prospects in Aging, London 1993

(15) *Plünnecke, E.:* »Vor uns liegt das Glück.« In: BAGSO (Hrsg.): Alter in Bewegung, Bonn 1994, S. 180–184, S. 181

(16) *Hossenfelder, M.:* Philosophie als Lehre vom glücklichen Leben. In: A. Bellebaum (Hrsg.): Glück und Zufriedenheit, Opladen 1992, S. 30

(17) Lang, B.: Die christliche Verheißung: Ewige Glückseligkeit nach dem Tod. In: A. Bellebaum (Hrsg.): Glück und Zufriedenheit, Opladen 1992, S. 124

(18) Handy, Ch.: Die anständige Gesellschaft (»The Hungry Spirit. Beyond Capitalism – The Quest for Purpose in the Modern World«, 1997), München 1998

(19) Schirrmacher, F.: Minimum. Vom Vergehen und Neuentstehen unserer Gemeinschaft, München 2006

(20) Opaschowski, H.W.: Deutschland 2020, 1. Aufl., Hamburg 2004, S. 371

Nachwort

(1) BAT Freizeit-Forschungsinstitut (Hrsg.): Forschung aktuell (Repräsentativumfrage »Erziehungsziele«/»Anleitungen zur Lebensgestaltung«), Hamburg: September 2006

Dank

(1) Opaschowski, H.W.: Wie leben wir nach dem Jahr 2000? Szenarien über die Zukunft von Arbeit und Freizeit (B·A·T Projektstudie zur Freizeitforschung), Hamburg 1987

(2) Opaschowski, H.W.: Deutschland 2010. Wie wir morgen leben, Hamburg 1997